입에서 인도네시아어 톡(Talk)

인도네시아어 회화 첫걸음

최 신 영 지음

문예림

입에서 톡 독학 인도네시아어 첫걸음 시즌 3

초판 1쇄 발행 2019년 3월 15일
초판 1쇄 발행 2019년 3월 22일

지은이 최신영
발행인 서덕일
펴낸곳 도서출판 문예림

출판등록 1962.7.12 (제406-1962-1호)
주소 경기도 파주시 회동길 366 (10881)
전화 (02)499-1281~2 **팩스** (02)499-1283
전자우편 info@moonyelim.com **홈페이지** www.moonyelim.com

ISBN 978-89-7482-903-2(13790)

머 리 말

인도네시아어는 인도네시아를 비롯하여 말레이시아, 싱가포르, 브루나이 등 동남아시아 각지에서 통용되는 세계에서 다섯 번째로 사용 인구가 많은 언어이다. 특히 인도네시아국민은 서로 다른 언어를 사용하는 300개 이상의 종족들로 구성되어 있으며 이들 종족 간의 의사소통의 도구로서 인도네시아어는 매우 중요한 역할을 한다.

인도네시아를 방문하거나 유학 또는 사업을 목적으로 인도네시아에 거주해야 하는 외국인들도 인도네시아어를 말하지 못한다면 현지 생활을 하는데 있어 매우 불편함을 느끼게 된다.

이 책은 인도네시아에서 생활하기 위해 인도네시아어를 배우려는 학습자들을 대상으로 집필되었다. 그러므로 인도네시아의 다양한 문화와 인도네시아인들의 생활에 대한 이해를 바탕으로 언어를 익힐 수 있도록 하였다.

인도네시아로 주재원 발령을 받은 45세의 김수민과 그의 아내가 인도네시아에 도착해서 정착하기까지 경험하는 여러 상황들을 설정하여 등장인물들 간의 대화형식으로 본문(Percakapan)을 구성하였으며 관련어휘(Kosakata)와 중요한 표현(Ungkapan)을 설명하여 본문의 이해를 쉽게 했다. 문법(Tata Bahasa)에서는 기본 문법을 패턴화시켜 예문과 함께 설명하였다. 또한 실제 상황에서 현지인과 대화를 할 때 사용할 수 있는 단어들을 부록에 정리하였다.

부족하지만 이 책이 여러분들이 인도네시아의 언어와 문화를 이해하고 인도네시아인들과 더불어 살아 가는데 작은 도움이 될 수 있기를 바란다.

먼저, 늘 나와 함께 해 주시는 하나님께 감사 드리고, 더 많은 인도네시아를 보여주기 위해 인도네시아 곳곳을 누비며 사진에 담아주신 EBS의 문영주 팀장님께 감사의 마음을 전한다. 인도네시아에서 태어난 이삭이 엄마가 쓴 교재로 인도네시아어를 배워보겠다고 벌써부터 기대가 대단하다. 바쁜 엄마를 늘 이해하고 배려해 주는 아들에게 사랑과 고마움을 전한다.

지은이 씀

DAFTAR ISI

인도네시아어의 문자

인도네시아어는 로마문자를 사용한다. 영어의 26개 문자가 다 존재하나 Q, X, V, Z는 외래어 표기에만 사용된다. 로마자의 대문자와 소문자가 공히 쓰인다.

인도네시아어의 자음과 모음

대문자	소문자	음가	한글음역
A	a	[a]	아
B	b	[be]	베
C	c	[tʃe]	쩨
D	d	[de]	데
E	e	[e]	에
F	f	[ɛf]	에프
G	g	[ge]	게
H	h	[ha]	하
I	i	[i]	이
J	j	[je]	제
K	k	[ka]	까
L	l	[ɛl]	엘
M	m	[ɛm]	엠
N	n	[ɛn]	엔
O	o	[o]	오
P	p	[pe]	뻬
Q	q	[ki]	끼
R	r	[ɛr]	에르
S	s	[ɛs]	에스
T	t	[te]	떼
U	u	[u]	우
V	v	[fe]	페
W	w	[we]	웨
X	x	[ɪks]	엑스
Y	y	[ɤe]	예
Z	z	[jet]	젯

인도네시아어의 발음

Ⅰ. 모음

1. 단모음

a : 한국어의 '아버지'를 발음할 때 나는 모음 'ㅏ'와 같다.
apa (아빠) dada (다다)

e : 인도네시아 사람들은 이 소리를 발음할 때 우리말의 '으'와 '어'의 중간 소리를 낸다. 그러나 한국 사람이 '으'와 '어'의 중간소리를 내기가 쉽지 않으므로 보통 '으' 로 발음하면 무난하다. 한국어의 '그물'을 발음할 때 나는 모음 'ㅡ'와 같다.
besar (브사르) belajar (블라자르)

é : 한국어의 '게'를 발음할 때 나는 모음 'ㅔ'와 같다. 특별한 규칙을 따르는 소리가 아니므로 반복학습을 통해서 모음 e 와 구분한다.
méja (메자) bésok (베속)

i : 한국어의 '이사'를 발음할 때 나는 모음 'ㅣ'와 같다.
izin (이진) tiga (띠가)

o : 한국어의 '오이'를 발음할 때 나는 모음 'ㅗ'와 같다.
oleh (올레) roti (로띠)

u : 한국어의 '우리'를 발음할 때 나는 모음 'ㅜ'와 같다.
ubi (우비) suhu (수후)

2. 이중모음

이중모음을 발음할 때는 순서대로 하나씩 소리내면 된다.

ai : /ai/ 또는 /ei/로 발음한다.
pantai (빤따이) / (빤떼이)

au : /au/ 또는 /o/ 로 발음한다.
saudara (사우다라) /(소다라)

oi : /oi/ 로 발음한다.
amboi (암보이)

Ⅱ. 자음

b : 한국어의 '바다'를 발음 할 때 나는 자음 'ㅂ'과 같다.
babi (바비) baju (바주)

c : 한국어의 '짜다'를 발음할 때 나는 자음 'ㅉ' 소리와 유사하다.
cari (짜리) cuci (쭈찌)

d : 한국어의 '다리'를 발음할 때 나는 자음 'ㄷ' 소리와 유사하다.
dari(다리) doa (도아)

f : 네덜란드어, 아랍어, 영어 등 외국 차용어에만 사용되며 한국어의 'ㅍ' 소리와 유사하다.
film (필름) faham (파함)

g : 한국어의 '가방'을 발음할 때 나는 자음 'ㄱ' 소리와 유사하다.
garasi (가라시) gedung (그둥)

h : 한국어의 '하늘' 을 발음할 때 나는 'ㅎ' 소리와 유사하다
hari (하리) hujan (후잔)
j : 한국어의 '자리' 를 발음할 때 나는 자음 'ㅈ' 소리와 유사하다.
janji (잔지) jam (잠)
k : 한국어의 '까치' 를 발음할 때 나는 자음 'ㄲ' 소리와 유사하다.
kamus (까무스) kami (까미)
l : 한국어의 '살다' 를 발음할 때 나는 자음 'ㄹ' 소리와 유사하다.
lama (라마) delapan (들라빤)
※ r 소리와 구별해서 사용해야 한다.
m : 한국어의 '마음' 을 발음할 때 나는 자음 'ㅁ' 소리와 유사하다.
makan (마깐) minum (미눔)
n : 한국어의 '누나' 를 발음할 때 나는 자음 'ㄴ' 소리와 유사하다.
nama (나마) nanas (나나스)
p : 한국어의 '빨래' 를 발음할 때 나는 'ㅃ' 소리와 유사하다.
pagi (빠기) pasar (빠사르)
q : 한국어의 'ㄲ' 이나 'ㅋ' 로 소리 나는데, /f/의 경우와 마찬가지로 순수 인도네시아어에서는 쓰이지 않는다.
Quran (꾸란)
r : 한국어의 '라면' 을 발음할 때 나는 자음 'ㄹ' 소리와 유사하다. 발음시 ㄹ~~ 하며 혀를 굴려 발음한다.
rajin (ㄹ~ㅏ진) ramai (ㄹ~ㅏ마이)
s : 한국어의 '사과' 를 발음할 때 나는 자음 'ㅅ' 소리와 유사하다.
suka (수까) sendok (센독)
t : 한국어의 '땀' 을 발음할 때 나는 자음 'ㄸ' 소리와 유사하다.
teman (뜨만) tidur (띠두르)
v : 영어의 [f] 발음과 대체로 같다. 주로 네덜란드어에서 차용된 단어에 쓰인다.
visa (비사) variasi (바리아시)
w : 영어의 [w]로 발음한다.
wajah (와자) wanita (와니따)
y : 영어의 [y]로 발음한다.
ya (야) nyonya (뇨냐)
z : 한국어의 '즐겁다' 를 발음할 때 나는 자음 'ㅈ' 처럼 발음한다. 주로 아랍어에서 차용된 단어에서 쓰인다.
zakat (자깥) zaman(자만)

Ⅲ. 이중자음

kh : 한국어의 'ㅎ' 과 'ㅋ' 의 중간 소리를 내어야 하므로 발음하기 다소 어렵다.
akhir (아키르) khusus (쿠수스)
ng : 한국어의 '강' 을 발음할 때 나는 받침소리 'ㅇ' 처럼 발음한다.

siang (시앙) penggaris (뺑가리스)

ny : 한국어의 모음 중 ㅑ, ㅕ, ㅛ, ㅠ 와 함께 소리나는 /ㄴ/소리를 내면 된다.
냐, 녀, 뇨, 뉴 처럼 발음합니다.
nyonya (뇨냐) nyamuk (냐묵)

sy : ny 처럼 한국어의 모음 ㅑ, ㅕ, ㅛ, ㅠ와 함께 소리나는 /ㅅ/을 발음한다. 이 소리 역시 아랍어 차용어에서 나타난다.
syair (샤이르) syukur (슈꾸르)

인도네시아어의 강세

일반적으로 두 음절 이상의 단어에서 끝에서 두 번 째 음절에 강세를 둔다. 그러나, 강세에 의해 의미가 변하는 경우가 없기 때문에 인도네시아어 발음에 있어서 강세와 억양은 그다지 중요시 되지 않는다. 현지인들과 접하면서 자연스럽게 모방되므로 별도의 노력을 요하지는 않는다.

BAGIAN 1

1 처음 뵙겠습니다　　2 이름이 무엇입니까?

Monumen Nasional
독립기념탑인 모나스 전경

처음 뵙겠습니다 Apa kabar?
아빠 까바르

Pelajaran 1

상황에 따른 기본적인 인사표현을 익혀 일상생활에서 적절하게 사용할 수 있도록 한다.

percakapan

Dodi :	Apa kabar? 아빠 까바르
Kim Su-min:	Kabar baik. 까바르 바익
Dodi:	Selamat pagi. 슬라맛 빠기
Kim Su-min:	Selamat pagi. 슬라맛 빠기
Dodi:	Terima kasih. 뜨리마 까시
Kim Su-min:	Sama-sama. 사마-사마
Dodi:	Maaf, ya. 마압 야
Kim Su-min:	Tidak apa-apa. 띠닥 아빠-아빠

Kosakata

apa 무엇
kabar 소식
selamat 안전한, 평안한
pagi 아침(오전 4시부터 오전10시)
siang 낮(오전 10시부터 오후 2시)
sore 오후(오후 2시부터 오후 6시 반)
malam 저녁, 밤 (오후 6시부터 오전4시)
terima 받다
kasih 애정, 사랑
sama-sama 천만예요
maaf 미안합니다.
tidak apa-apa 괜찮다

도　디 : 안녕하세요?
김수민 : 안녕하세요.
도　디 : 안녕하세요.
김수민 : 안녕하세요.

도　디 : 감사합니다.
김수민 : 천만예요.
도　디 : 미안합니다.
김수민 : 괜찮아요.

Ungkapan

Apa kabar?

오랜만에 만난 지인에게 건네는 대표적 인사말로 시간에 구애 받지 않고 쓸 수 있다. '안녕하세요?' 하는 인사이며 상대방은 kabar baik (잘 지냅니다) 라고 답한 후 apa kabar? 하고 인사를 건넨 사람의 안부를 물어주는 것이 통상적이다.

Selamat pagi(siang, sore, malam)

시간에 따라 일상적으로 사용되는 인사로 '안녕하세요'를 나타낸다. selamat을 빼고, Pagi!, Siang!, Sore!, Malam!만 말해도 된다.

selamat

안전, 안녕, 평안을 나타내는 말로 대개 인사표현으로 사용된다. 일상적인 인사말고도, 상대의 건강, 행복, 건승을 빌어주거나, 생일축하 같은 축하인사를 건넬 때 사용한다. Selamat belajar (열심히 공부하세요)나 Selamat hari ulang tahun (생일을 축하합니다) 처럼 selamat 뒤에 구체적인 내용을 언급하는 것이 일반적이지만, 축하 인사의 경우 selamat 만으로도 가능하다.

Selamat jalan/ Selamat tinggal

출장, 여행등으로 장기간 멀리 떨어져 있게 될 경우에는 Selamat jalan(안녕히 가세요) 또는 Selamat tinggal (안녕히 계세요) 라고 인사한다.

Sampai bertemu lagi (= sampai jumpa lagi)

직역하면 '다시 만날 때까지'의 뜻으로 헤어질 때 주고 받는 인사이다. lagi(다시) 대신에 구체적인 시간을 넣어 말할 수 있다. 예를 들어 내일 다시 만날 예정이라면, Sampai bertemu besok이라고 말하면 된다.

Tata Bahasa

인도네시아어 기본 문장

Ⅰ. 주어 + 술어

Ini	buku.	이것은 책이다.
Dia	cantik.	그녀는 예쁘다.
Umurnya	20 tahun.	그의 나이는 20세이다.
Kita	pergi.	우리는 외출한다.

☞ 동사 외에 명사, 형용사, 수사가 술어가 될 수 있다
be동사에 해당하는 adalah, ialah는 거의 생략하고 사용한다.

Ini adalah buku.	이것은 책이다.
Ini buku.	이것은 책이다.

Ⅱ. 주어 + 술어 + 목적어

Mereka	makan	roti.	그들은 빵을 먹는다.
Kita	belajar	bahasa Indonesia.	우리는 인도네시아어를 배운다.
Orang itu	menjual	koran.	그 사람은 신문을 판다.

☞ 시간, 장소, 이유등을 나타내는 부사구는 문장 앞이나 뒤에 자유롭게 올 수 있다.

Mereka makan roti di rumah.	그들은 집에서 빵을 먹는다.
Kemarin kita belajar bahasa Indonesia.	어제 우리는 인도네시아어를 공부했다.
Orang itu menjual koran untuk hidup.	그 사람은 생계를 위해 신문을 판다.

Mengenal Indonesia | 인도네시아 공화국 Republik Indonesia

인도양과 태평양 사이에 위치한 인도네시아는 세계 최대의 도서국가이다. 인도네시아는 13,700개의 섬으로 이루어져 있으며, 약 6,000개의 섬에 사람이 살고 있다. 주요 섬은 자바, 수마트라, 술라웨시섬이다. 중국, 인도, 미국에 이어 세계에서 네 번째로 인구가 많은 나라이며 인구의 절반 이상이 자바섬에 거주하고 있다. 인도네시아 국민은 300개 이상의 민족집단으로 구성되어 있으며 국민의 4/5가 이슬람교도이다.

Wajah-wajah Indonesia

인도네시아 국민

이름이 무엇입니까? Siapa nama Anda?
시아빠 나마 안다

2
Pelajaran

인칭대명사를 활용한 기본 문장을 학습하여 자기소개를 할 수 있으며, 사람에 대한 다양한 호칭을 학습한다.

percakapan

Dodi:	Selamat siang, Pak Kim. 슬라맛 시앙, 빡김
Kim Su-min:	Selamat siang, Pak Dodi. 슬라맛 시앙 빡 도디
	Siapa wanita itu? 시아빠 와니따 이뚜
Dodi:	Dia sekretaris Pak Budi. 디아 세끄레따리스 빡 부디
Kim Su-min:	Siapa namanya? 시아빠 나마냐
Dodi:	Namanya Saraswati. 나마냐 사라스와띠
	Kami panggil dia Ibu Wati. 까미 빵길 디아 이부 와띠

Kosakata

Pak(Bapak) ~씨, 선생님(남성에 대한 존칭), 아버지
siapa 누구
anda 당신
wanita 여성
itu 그, 저
dia 그, 그녀
sekretaris 비서
nama 이름
namanya 그의 이름, 그녀의 이름
kami 우리
panggil 부르다
ibu ~씨, 부인, 선생님(여성에 대한 존칭), 어머니

도　디 : 안녕하세요, 김수민 씨.

김수민 : 안녕하세요, 도디 씨. 저 여자분은 누구입니까?

도　디 : 부디 씨의 비서예요.

김수민 : 그녀의 이름은 무엇입니까?

도　디 : 그녀의 이름은 사라사와띠예요. 우리는 그녀를 와띠 씨라고 불러요.

Ungkapan

Pak

Pak은 호칭어로서 Bapak을 줄인 표현이다. Bapak (Pak)은 가정에서 자녀가 아버지를 부를 때 또는 아내가 남편을 부를 때 '아버지' 또는 '여보'의 뜻으로 사용된다. 한편 집 밖에서 이 호칭어를 예의를 갖춰야 할 남성 이름 앞에 붙여 '○○○씨', '○○○ 선생님', '○○○ 사장님' 으로 호명하거나 상대 남성을 '선생님' '사장님', '아저씨' 등으로 호명하거나 지칭할 때도 사용한다.

Ibu

Bapak과 마찬가지로 가정에서 '어머니' 또는 '여보'의 의미로 사용된다. 한편 집 밖에서는 예의를 갖춰야 할 여성 이름 앞에 붙여 '○○○ 씨', '○○○ 선생님', '○○○ 부인'으로 호명하거나 상대 여성을 '선생님' '부인', '아주머니' 등으로 호명하거나 지칭할 때 사용한다. Bu로 축약가능하다.

Siapa nama anda?

상대방의 이름을 물을 때 사용하는 표현으로 '당신의 이름은 무엇입니까?' 라는 뜻이다. 해석에서 처럼 '무엇'을 묻는 표현이지만 '누구'를 나타내는 의문사 siapa를 써야 한다. 사물의 이름을 물을 때는 Apa nama ini?라고 하지만 사람의 이름을 물을 때는 반드시 '누구'에 해당하는 siapa를 사용해서 Siapa nama anda?라고 해야 한다.

Tata Bahasa

인칭 대명사

	단수	복수
1인칭	Saya (저) Aku (나)	Kami (우리) Kita (우리)
2인칭	Anda (당신) Kamu / Engkau (너)	Anda sekalian / Anda semua (당신들) Kalian (너희들)
3인칭	Dia/Ia (그, 그녀) Beliau (그분)	Mereka (그들)

1. aku, kamu, engkau, 그리고 kalian은 손아래 사람이거나 친구나 가족같이 친한 사이의 관계에서 사용한다.
2. kami는 듣는 사람을 제외한 '우리'이며 kita는 말하는 사람과 듣는 사람 모두를 포함하는 '우리'이다.
3. dia와 ia는 동의어로 남녀를 구분하지 않는다.
4. 실용회화에서는 2인칭 대명사를 사용하기보다 성인 남성에게는 bapak, tuan, 성인 여성에게는 ibu, nyonya, nona, 등 구체적인 호칭을 사용하며 복수의 경우 언급한 호칭들을 두 번 반복하여 말한다.
5. 인칭대명사는 주격, 소유격, 목적격의 형태가 같다. 단 3인칭 단수 dia와 ia는 '-nya'로 형태가 변한다.

Mengenal Indonesia | 인도네시아어 Bahasa Indonesia

인도네시아에서는 약 300여개의 지방어가 사용되고 있으나 바하사 인도네시아(Bahasa Indonesia)가 인도네시아의 공용어로서 널리 사용되고 있다. 이 언어는 원래 지방어의 하나인 말레이어에서 분화하였고, 1945년 인도네시아의 국어로 선포되었다. 다수의 인도네시아인들은 국어인 바하사 인도네시아 이외에 종족간에는 지방어를 사용한다. 따라서 바하사 인도네시아는 서로 다른 종족간의 주요 의사소통의 도구이며 국가통합을 이루는데 있어서 중요한 역할을 한다.

Tari Tradisional Bali

발리전통무용

Sekilas Indonesia | 레공(Legong)댄스와 바롱(Barong)댄스는 발리의 대표적인 공연예술이다.

BAGIAN 2

3 한국분 이세요?　4 직업이 무엇입니까?　5 몇 살이예요?

Rumah Gadang di Sumatera Barat
서부 수마트라의 전통 가옥

한국분 이세요? Anda orang Korea?

안다 오랑 꼬레아

3 Pelajaran

지시대명사에 대해 학습하며 이를 활용하여 사물과 사람에 대한 단순한 질문과 대답을 할 수 있다.

percakapan

Dodi:	Ibu Wati, kenalkan. Ini Pak Kim. 이부 와띠 끄날깐 이니 빡 김
Wati:	Oh, ya. Apa kabar Pak Kim? 오 야 아빠 까바르 빡 김
Kim Su-min:	Kabar baik. 까바르 바익
Wati:	Pak Kim orang Korea? 빡 김 오랑 꼬레아
Kim Su-min:	Ya, saya orang Korea. 야 사야 오랑 꼬레아
Wati:	Pak Kim dari Seoul? 빡 김 다리 서울
Kim Su-min:	Ya, Saya datang dari Seoul. 야 사야 다땅 다리 서울
Wati:	Saya senang berkenalan dengan Bapak. 사야 스낭 브르끄날란 등안 바빡
Kim Su-min:	Saya juga senang berkenalan dengan Ibu. 사야 주가 스낭 브르끄날란 등안 이부

Kosakata

kenalkan 소개하다
ini 이것, 이분
itu 저것, 저분
ya 네
baik 좋은
dari ~로부터
datang 오다

senang 즐거운, 기쁜
berkenalan 알다, 사귀다
dengan ~와 (함께)
juga 도, 또한
orang 사람
orang Korea 한국사람

orang Indonesia 인도네시아 사람
orang Amerika 미국사람
orang Inggris 영국사람
orang Cina 중국사람
orang Jepang 일본사람
orang Belanda 네델란드사람

도 디 : 와띠 씨, 소개할께요. 이 분은 김수민 씨예요.

와 띠 : 아, 네. 안녕하세요, 김수민 씨.

김수민 : 안녕하세요.

와 띠 : 김수민 씨는 한국분이세요?

김수민 : 네, 한국사람이에요.

와 띠 : 서울에서 오셨어요?

김수민 : 네, 서울에서 왔어요.

와 띠 : 김수민 씨를 뵙게 되어 기쁩니다.

김수민 : 저도 와띠 씨를 알게 되어 기쁩니다.

Ungkapan

kenalkan

'소개하겠습니다'의 뜻으로 자기 소개를 하거나 초면의 두 사람을 서로에게 소개시켜줄 때 사용하는 표현이다.

Saya orang Korea.

orang은 '사람'이라는 뜻이며 나라 이름과 함께 사용하여 '~인'을 나타낼 수 있다.
orang Korea(한국인)/orang Indonesia(인도네시아인)/orang Inggris(영국인)
* 해당 국가 언어를 나타낼 때는 '언어'라는 뜻의 단어 bahasa 뒤에 국가명을 둔다.
bahasa Korea(한국어)/bahasa Indonesia(인도네시아어)/bahasa Inggris(영어)

Saya senang berkenalan dengan Bapak.

'만나서 반갑습니다'라는 뜻으로 첫 만남에서 주로 사용되는 인사표현이다. berkenalan(알게되다) 대신 '만나다'의 뜻을 가진 bertemu나 berjumpa를 사용할 수 있다.

Tata Bahasa

지시 대명사

Ini	이것/이분
Itu	저것, 그것/저분, 그분

Apa ini? 이것은 무엇입니까?
Ini meja. 이것은 책상입니다.
Apa itu? 그것은 무엇입니까?
Itu kursi. 그것은 의자입니다.

Siapa ini? 이 사람은 누구입니까?
Ini teman saya. 이 사람은 내친구입니다.
Siapa itu? 그분은 누구입니까?
Itu kepala kantor. 그분은 사장님입니다.

Mengenal Indonesia | 인사 Salam

인도네시아에서는 소개를 받거나 처음 만나 사람들이 서로 인사를 할 때 악수를 한다. 인사말과 함께 자기 이름을 밝히는데, Saya Kim Su-min.(김수민입니다) 정도로 말하면 무난하다. 이름이 길거나 평소 사용하는 이름이 따로 있을 때는 본명을 말한 후 Panggil Sumin.(수민이라고 부르세요)라고 말하면 좋다. 그리고 악수했던 손을 살며시 자기 가슴에 대었다가 내리는 것이 좀 더 정중한 인사표현이다. 악수 외에 여성들끼리는 볼인사를 하기도 한다. 이 인사는 절친한 사이에서만 가능한 인사이다. 서로의 어깨를 양손으로 잡고 서로의 볼을 엇갈리게 하여 양쪽 한 번씩 마주치는데, 이 때 볼이 서로 맞닿지는 않는다. 그리고 입으로는 '쪽' 하는 소리를 낸다.

Toko Swalayan

슈퍼마켓

Sekilas Indonesia | HERO는 인도네시아에서 가장 큰 규모의 전국적인 슈퍼체인이다.

직업이 무엇입니까? Apakah pekerjaan Anda?

아빠까 뻐끄르자안 안다

4 Pelajaran

직업과 관련된 어휘와 문장을 학습하며 부정부사의 종류와 쓰임을 익힌다.

percakapan

Kim Su-min:	Pak Dodi, apakah pekerjaan Anda? 빡 도디 아빠까 뻐끄르자안 안다
Dodi:	Saya pegawai kantor. Saya bekerja di perusahaan asing. 사야 뻐가와이 깐또르 사야 브끄르자 디 뻐루사하안 아싱
Kim Su-min:	Apa nama perusahaan Anda? 아빠 나마 뻐루사하안 안다
Dodi:	PT. Intan. 뻬떼 인딴
Kim Su-min:	Apakah istri Anda juga bekerja? 아빠까 이스뜨리 안다 주가 브끄르자
Dodi:	Tidak, dia tidak bekerja. Dia ibu rumah tangga. 띠닥 디아 띠닥 브끄르자 디아 이부 루마 땅가
Kim Su-min:	Oh, begitu. 오 브기뚜

Kosakata

apakah 무엇
pekerjaan 직업, 일
pegawai kantor 회사원
bekerja 일하다, 근무하다
perusahaan 회사, 기업
asing 외국의, 낯선
PT(perseroan terbatas) 주식회사
istri 아내
tidak ~않다 (동사, 형용사 부정)
ibu rumah tangga 주부
oh 오!
begitu 그렇게, 그처럼
dokter 의사
perawat 간호사
guru 선생님
pegawai pemerintah 공무원
mahasiswa 대학생
pelajar 학생
sekretaris 비서
pedagang 상인
polisi 경찰
satpam(satuan pengamanan) 경비원
sopir 기사
pembantu 가정부
pelayan 점원, 종업원
penyanyi 가수

김수민 : 도디 씨, 직업이 뭐예요?

도　디 : 회사원이예요. 저는 외국회사에 다녀요.

김수민 : 회사 이름이 뭐예요?

도　디 : 인딴 주식회사예요.

김수민 : 도디 씨 부인도 일을 하시나요?

도　디 : 아니요. 아내는 일을 안해요. 가정주부예요.

김수민 : 아, 그렇군요.

Ungkapan

apakah

apakah는 '무엇'을 뜻하는 의문사 apa에 강조를 나타내는 접미사 -kah가 결합된 형태로서 apa와 같은 뜻이다. 그러므로 '직업이 무엇입니까?'를 물을 때 Pekerjaan anda apa?라고 해도 된다. 그 밖에 apakah는 '네', '아니오'의 대답을 요하는 의문문 앞에 형식적으로 사용되기도 한다.

Oh, begitu

'아, 그렇군요'의 뜻으로 상대방의 이야기를 잘 이해했다는 것을 전달하기 위해 사용하는 표현이다. 반면에, Oh, begitu? 하고 끝을 올리면 '어, 그래?'의 뜻으로 새로운 사실을 확인하고 있음을 나타내는 표현이 된다.

Tata Bahasa

부정부사

Bukan ~이(가) 아니다

명사를 부정하는 부정어로서 명사 앞에 위치한다.

Dia bukan pegawai kantor. 그는 회사원이 아니다.

Itu bukan paspor. 그것은 여권이 아니다.

Tidak ~(지) 않다

동사와 형용사 앞에 위치하여 동사와 형용사를 부정한다.

Tuan Kim tidak bekerja di kantor ini. 김 사장님은 이 사무실에서 일하지 않습니다.

Rumah saya tidak jauh. 우리 집은 멀지 않습니다.

Belum 아직 ~않다

동사나 형용사 앞에서 위치하여 '아직 ~않다'를 나타낸다.

Saya belum menikah. 나는 아직 결혼하지 않았다.

Air belum panas. 물은 아직 뜨겁지 않다.

Tanpa ~없이, ~하지 않고

명사 앞에서 '~없이', 동사 앞에서 '~하지 않고'를 나타낸다.

Kakek membaca koran tanpa kacamata. 할아버지는 안경없이 신문을 읽으신다.

Pria itu pulang tanpa memberi salam. 그 남자는 인사도 없이 갔다.

Mengenal Indonesia | 종교 Agama

인도네시아 헌법에는 종교의 자유가 보장되어 있고 신에 대한 믿음을 국민의 의무로 규정하고 있다. 주민증을 비롯한 개인 신상과 관련된 모든 서류에는 종교를 쓰게 되어 있으며 심지어 출생신고서에도 갓 태어난 아이의 종교를 표시하도록 되어 있다. 즉, 인도네시아인들은 누구나 다 종교를 가지고 있다. 그러므로 그들은 종교가 없는 사람을 이상한 사람으로 여기며 심지어 과거에는 공산당으로 취급한 적도 있다.

Agama Hindu

힌두교

몇 살이에요? Berapa umur Anda?

브라빠 우무르 안다

5 Pelajaran

나이를 묻고 대답하는 표현들을 익히고 형용사의 한정적 용법과 서술적 용법에 대해 학습한다.

percakapan

Dodi : Pak Kim, boleh saya bertanya?
빡 김 볼레 사야 브르따냐

Kim Su-min : Boleh.
볼레

Dodi : Berapa umur Pak Kim sekarang?
브라빠 우무르 빡 김 스까랑

Kim Su-min : Umur saya 45 tahun. Umur Pak Dodi berapa?
우무르 사야 음빳뿔루리마 따훈 우무르 빡 도디 브라빠

Dodi : Saya berumur 40 tahun.
사야 브루무르 음빳뿔루 따훈

Kim Su-min : Saya lebih tua daripada Pak Dodi.
사야 르비 뚜아 다리빠다 빡 도디

Dodi : Tapi Pak Kim kelihatan muda sekali.
따삐 빡 김 끌리하딴 무다 스깔리

Kim Su-min : Begitu?
브기뚜

Kosakata

boleh ~해도 된다
bertanya 질문하다
berapa 몇, 얼마
umur 나이
berumur ~세이다
sekarang 지금, 현재
tahun 세, 해, 년
lebih 더
tua 늙은, 나이든
daripada ~보다

tapi(tetapi) 그러나
kelihatan 보이다
muda 젊은
sekali 매우
kecil 작은
mahal 비싼
murah 싼
tinggi 높은, 키가 큰
pendek 키가 작은
cantik 예쁜

rajin 부지런한
kaya 부유한
miskin 가난한
dekat 가까운
jauh 먼
senang 즐거운
sedih 슬픈
sulit 어려운

도　디 : 김수민 씨 뭐 좀 물어봐도 돼요?

김수민 : 그럼요.

도　디 : 김수민 씨는 지금 몇 살이예요?

김수민 : 45세예요. 도디 씨 나이는 몇이예요?

도　디 : 저는 40살이예요.

김수민 : 내가 도디 씨 보다 나이가 많군요.

도　디 : 그래도 김수민 씨는 매우 젊어 보여요.

김수민 : 그래요?

Ungkapan

Boleh saya bertanya?

'질문해도 돼요?' 의 뜻으로 상대에게 무엇인가 물어보기 전에 주로 사용한다. 특히 boleh는 허가를 나타내는 조동사로서 상대방의 허가 또는 양해를 구할 때 사용된다.

Umur saya 45 tahun. / Saya berumur 45 tahun.

umur는 '나이' 이다. 그래서 '내 나이는 45세입니다' 라고 말하기 위해 umur 뒤에 saya를 두어 'umur saya' 라는 표현을 쓰고 있다. 반면에 Saya berumur 45 tahun의 경우 직역하면 '나는 45세입니다' 이다. 이 때 명사 umur는 동사화접두사 ber-와 결합하여 '나이를 가지다' 또는 '나이를 먹다' 의 동사가 된다. 따라서 나이를 말할 때 두 표현 중 하나를 선택하여 사용하면 된다.

lebih tua daripada

'A lebih 형용사 daripada B' 의 패턴으로 기억하면 좋겠다. 해석하면, 'A는 B보다 더 ~하다' 의 뜻이다.

kelihatan

형용사와 함께 사용하여 '~처럼 보이다' 의 뜻으로 쓰인다.
kelihatan tua 나이들어 보이다 / kelihatan cantik 예뻐 보이다 / kelihatan enak 맛있어 보이다

Tata Bahasa

형용사

1. 한정적 용법

수식하고자 하는 명사 뒤에 위치한다.

mobil besar	큰 차
anak pintar	똑똑한 아이

수와 관련된 형용사는 수식하고자 하는 명사 앞에 위치한다.

semua orang	모든 사람
seluruh dunia	전 세계
para siswa	모든 학생
banyak kertas	많은 종이
sedikit uang	약간의 돈

2. 서술적 용법

다른 동사의 도움 없이 형용사가 서술어의 기능을 한다.

Kota Jakarta ramai.	자카르타시는 번화하다.
Jalan itu bersih.	그 길은 깨끗하다.
Rumah baru anda bagus.	당신의 새집은 좋군요.

Mengenal Indonesia

| 아름다운 인도네시아의 작은 공원
Taman Mini Indonesia Indah (TMII)

보통 '따만미니'라고 불리는 이곳은 자카르타에서 가장 각광받는 관광 명소로 자카르타 방문객들의 필수 코스이다. 100ha가 넘는 공간 내에 인도네시아 27개 주 각 지방의 전통가옥과 문화 예술을 전시하고 있으며 인도네시아의 역사와 문화, 자연과 생태 등 모든 것을 알 수 있는 10여 개의 박물관, 테마공원, 각 종교별 사원, 그리고 각종 오락 시설까지 완비되어 있다. 특히 입구에서 새 공원까지 연결되는 케이블카를 타고 내려다보는 공원의 모습이 인상적이다. 따만미니는 1970년대 초 수하르토 대통령의 부인인 띤 수하르토 여사의 제안으로 만들어졌다.

Taman Mini Indonesia Indah

인도네시아 민속촌

Sekilas Indonesia | 전국 각지에서 견학 온 학생들과 관광객들로 붐비는 관광 명소이다.

Siswa SD dan guru mereka
소풍와서 선생님과 게임을 하며 즐거운 시간을 보내고 있는 초등학생들

BAGIAN 3

언제 결혼하셨어요? Kapan Anda menikah?
까빤 안다 므니까

Pelajaran 6

'네' 또는 '아니오'의 대답을 요구하는 단순의문문의 형태를 학습하고 질문에 대해 긍정 또는 부정으로 대답할 수 있도록 한다.

percakapan

Dodi: Pak Kim sudah menikah?
빡 김 수다 므니까

Kim Su-min: Ya. Saya sudah menikah.
야 사야 수다 므니까

Dodi: Kapan Bapak menikah?
까빤 바빡 므니까

Kim Su-min: Saya menikah 15 tahun yang lalu.
사야 므니까 리마블라스 따훈 양 랄루
Besok hari pernikahan kami yang ke-15.
베속 하리 쁘르니까한 까미 양 끄리마블라스

Dodi: Anda menikah pada bulan Maret, bukan?
안다 므니까 빠다 블란 마릇 부깐

Kim Su-min: Ya, betul.
야 브뚤

Dodi: Kalau begitu, selamat hari pernikahan, Pak Kim!
깔라우 브기뚜 슬라맛 하리 쁘르니까한 빡 김

Kim Su-min: Terima kasih.
뜨리마 까시

Kosakata

sudah 이미 ~했다 (과거시제조동사)
menikah 결혼하다
kapan 언제
yang lalu 지난
besok 내일
hari 날, 일
yang ke-15 15번째
pada ~에
bulan 달, 월
bulan Maret 3월
betul 옳은, 맞는
kalau 만약 ~라면
kalau begitu 그렇다면
hari ini 오늘
kemarin 어제
kemarin dulu 그저께
lusa 모레
minggu 주

도　디 : 김수민 씨는 결혼하셨죠?

김수민 : 네, 그럼요.

도　디 : 언제 결혼하셨어요?

김수민 : 15년 전에요. 내일이 우리의 15번째 결혼 기념일이예요.

도　디 : 3월에 결혼하셨군요?

김수민 : 네, 맞아요.

도　디 : 그렇다면, 김수민 씨 결혼 기념일을 축하드립니다.

김수민 : 고맙습니다.

Ungkapan

15 tahun yang lalu

'15년 전' 이라는 뜻이다. 내일(besok), 모레(lusa), 어제(kemarin)처럼 시간을 나타내는 단어로 표현하는 경우도 있지만, '…전' 또는 '…후' 식으로 표현하는 경우도 많다. 인도네시아어에서 과거의 시간을 나타낼 때에는 구체적인 시간 뒤에 yang lalu를 두어 '… 전'을 표현한다. 2 jam yang lalu (2 시간 전), 2 hari yang lalu(이틀 전), 2 minggu yang lalu(2 주 전)로 활용한다. 반면에 '… 후'를 표현하기 위해서는 구체적인 시간 뒤에 yang akan datang 을 붙여 말하면 된다. 3 bulan yang akan datang(3 개월 후), 3 tahun yang akan datang(3 년 후)로 활용한다.

부가의문문에 사용되는 bukan

문장형태에 상관없이 문장 끝에 bukan을 써서 부가의문문을 만든다. 이 때 bukan은 kan으로 축약될 수 있다.

Dia sudah menikah, bukan?	그녀는 결혼했지요, 그렇지 않나요?
Anda orang Korea, kan?	당신은 한국사람이지요, 그렇지 않나요?

kalau begitu

'그렇다면' 의 뜻으로 화자의 의도를 이해하고 수용하여 청자 자신의 생각이나 결정을 표명할 때 사용한다. 일상 회화에서 많이 사용되는 표현 중 하나이다.

Tata Bahasa

단순 의문문

1. '네' 또는 '아니오'의 대답을 요하는 의문문 형태로 문두에 apa나 apakah를 사용하여 나타낸다.

Apakah anda orang Bali?	당신은 발리 사람인가요?
Apa dia sopir?	그는 기사예요?
Apakah mereka tinggal di Jakarta?	그들은 자카르타에 삽니까?
Apa Bapak Kim ada di rumah?	김선생님은 집에 계신가요?

2. 일상회화에서는 apa나 apakah를 사용하지 않고 평서문의 끝을 올려 읽어 의문문을 표현한다.

Anda sudah makan?	당신은 식사하셨어요?
Mobilmu ada di garasi?	너의 자동차는 차고에 있니?

3. 이와 같은 의문문의 대답이 긍정일 때는 ya, 부정일 때는 tidak이나 bukan을 사용한다.

Apakah anda Pak Dodi?	당신이 도디 씨입니까?
Ya, saya Dodi.	네, 내가 도디입니다.
Bukan, saya bukan Dodi.	아니요, 나는 도디가 아닙니다.
Anda datang dari Korea?	당신은 한국에서 왔습니까?
Ya, saya datang dari Korea.	네, 나는 한국에서 왔습니다.
Tidak, saya tidak datang dari Korea.	아니요, 나는 한국에서 오지 않았습니다.

Mengenal Indonesia | 건기와 우기
Musim hujan dan Musim kemarau

적도에 위치해 있는 인도네시아는 대체로 고온다습한 열대성기후를 보이며 평균기온은 23~31℃이다. 인도네시아에는 두 계절이 있는데, 10월에서 3월까지가 우기(musim hujan)이고, 4월부터 9월까지가 건기(Musim Kemarau)이다. 그러나 최근 지구온난화 등에 따른 이상기후의 영향으로 계절구분이 점점 희미해지고 있다.

Musim di Indonesia

인도네시아의 계절

Sekilas Indonesia | 비가 와도 우산을 쓰는 사람은 많지 않고, 오토바이 운전 중엔 방수판초를 입는다.

아들만 둘이에요
Kami mempunyai dua orang anak laki-laki
까미 믐뿌냐이 두아 오랑 아낙 라끼-라끼

7 Pelajaran

의문사의 종류와 활용에 대해 학습하며 의문사를 활용한 질문에 알맞은 대답을 할 수 있도록 한다.

percakapan

Kim Su-min: Pak Dodi sudah berkeluarga?
빡 도디 수다 브르끌루아르가

Dodi: Ya, sudah.
야 수다

Kim Su-min: Ada berapa orang anak?
아다 브라빠 오랑 아낙

Dodi: Saya mempunyai dua orang anak laki-laki.
사야 믐뿌냐이 두아 오랑 아낙 라끼-라끼
Bagaimana dengan Pak Kim?
바가이마나 등안 빡 김

Kim Su-min: Saya punya dua orang anak, satu perempuan dan satu laki-laki.
사야 뿌냐 두아 오랑 아낙 사뚜 쁘름뿌안 단 사뚜 라끼-라끼
Mereka pelajar SD.
므레까 쁠라자르 에스데

Dodi: Anak saya belum sekolah.
아낙 사야 블룸 스꼴라

Kosakata

mempunyai 소유하다
anak 아이, 자녀
anak laki-laki 남자아이, 아들
anak perempuan 여자아이, 딸
bagaimana 어떻게, 어떤
satu 하나
pelajar 학생
SD(sekolah dasar) 초등학교
SMP(sekolah menengah pertama) 중학교
SMA(sekolah menengah atas) 고등학교
universitas 대학교

orang tua 부모
suami istri 부부
kakek 할아버지
nenek 할머니
kakak 언니,누나,형,오빠
adik 동생
mertua 양가부모
menantu 며느리, 사위
paman 아저씨, 남자친척 호칭
bibi 아주머니, 여자친척 호칭

김수민 : 도디 씨도 결혼하셨죠?

도 디 : 그럼요.

김수민 : 자녀가 몇 명이예요?

도 디 : 아들만 두 명이예요. 김수민 씨는요?

김수민 : 저도 두 명인데, 아들 하나 딸 하나예요. 둘 다 초등학생이예요.

도 디 : 제 아이들은 아직 학교에 안 다녀요.

Ungkapan

sudah berkeluarga

직역하면 '가정이 있다'의 뜻으로, 결혼했다는 의미이다. 인도네시아어로 '결혼하다'에 해당하는 단어는 menikah이지만, berkeluarga(가정이 있다), bersuami(남편이 있다), beristri(아내가 있다)등이 '결혼하다'의 의미로 사용된다. 접두사 ber-는 명사와 결합하여 ' ~을 소유하다'의 뜻을 가진 동사를 만든다.

berapa orang?

'몇 명입니까?'를 물을 때 사용하는 표현이다. berapa는 '몇' 또는 '얼마'처럼 수를 묻는 의문사이며, '사람'의 뜻을 가진 orang은 이때 수량사로 '명'을 나타낸다. berapa orang 뒤에 사람을 나타내는 구체적인 단어가 올 수 있다.

mempunyai

'~을 가지다', '~을 소유하다'의 뜻을 가진 타동사이다. 일상회화에서는 접두사와 접미사를 생략하고 punya만으로 사용하는 경우가 많다. 회화에서 소유를 표현할 때 ada(있다)를 사용하기도 한다.

Tata Bahasa

의문사를 사용한 의문문

Apa 무엇

Anda mau membeli apa?	무엇을 사시겠습니까?

Siapa 누구

Siapa anak anda?	누가 당신의 아이입니까?

Berapa 얼마, 몇

Berapa nomor telepon anda?	당신의 전화번호는 몇 번입니까?

Mengapa, Kenapa 왜

Mengapa anda terlambat?	왜 늦었습니까?
Karena jalannya macet.	길이 막혀서요.

Kapan 언제

Kapan kami bisa pulang?	언제 우리는 귀가할 수 있나요?

Bagaimana 어떻게, 어떠한

Bagaimana cara membuat Kimchi?	어떻게 김치를 만드나요?

Mana 어디, 어느

Ke mana kita pergi sekarang?	우리 지금 어디 가는거야?
Anda berasal dari mana?	당신은 어디 출신입니까?
Di mana anda bekerja?	당신은 어디에서 일합니까?

Mengenal Indonesia | 교육 Pendidikan

인도네시아 교육제도는 초등학교 6년, 중학교 3년, 고등학교 3년이며 1994년부터 9학년 의무교육제도를 채택했다. 인도네시아의 대학교 과정은 학사 과정의 Sarjana(S1), 전문대 개념의 Diploma(D3), 대학원 과정인 Sarjana 2(S2), 박사 학위 과정인 Sarjana 3(S3)로 분류된다.

Sekilas Indonesia | 인도네시아의 모든 초,중,고생들은 교복을 입는다.

Siswa-siswi Indonesia

인도네시아 학생들

가족들은 아직 안 왔어요 Keluarga saya belum datang
끌루아르가 사야 블룸 다땅

8 Pelajaran

요일의 이름을 익히고, 날짜와 요일을 묻고 대답할 수 있도록 한다.

percakapan

Dodi: Kapan Pak Kim datang di Indonesia?
까빤 빡 김 다땅 디 인도네시아

Kim Su-min: Hari Minggu yang lalu.
하리 밍구 양 랄루

Dodi: Pak Kim datang bersama keluarga?
빡 김 다땅 브르사마 끌루아르가

Kim Su-min: Tidak, Keluarga saya belum datang.
띠닥 글루아르가 사야 블룸 다땅

Dodi: Mengapa mereka tidak datang bersama Pak Kim?
믕아빠 므레까 띠닥 다땅 브르사마 빡 김

Kim Su-min: Karena kami belum mendapat rumah di Jakarta.
까르나 까미 블룸 믄다빳 루마 디 자카르타

Setelah ada rumah, mereka akan datang.
스뜰라 아다 루마 므레까 아깐 다땅

Kosakata

keluarga 가족
hari Minggu 일요일
hari Senin 월요일
hari Selasa 화요일
hari Rabu 수요일
hari Kamis 목요일
hari Jumat 금요일
hari Sabtu 토요일

bersama ~와 함께
mengapa 왜
mendapat 얻다, 획득하다
rumah 집
setelah ~한 후
ada 있다
akan ~할 것이다

도　디 : 김수민 씨는 언제 인도네시아에 왔나요?

김수민 : 지난 일요일에요.

도　디 : 가족과 함께 왔어요?

김수민 : 아니요, 가족들은 아직 안 왔어요.

도　디 : 왜 함께 오지 않았어요?

김수민 : 아직 자카르타에 집을 구하지 못했어요. 집을 구하면 올 예정이에요.

Ungkapan

bersama

'함께' 라는 뜻이다. 원칙은 bersama dengan(~와 함께)이지만 줄여서 bersama 또는 dengan만으로 '~와 함께'를 나타낸다. 그러므로 Pak Kim datang bersama dengan keluarga 또는 Pak Kim datang dengan keluarga도 가능하다.

mengapa

이유를 물어 볼 때 사용하는 의문사이며 kenapa와 동의어이다. mengapa 또는 kenapa를 사용한 의문문의 대답은 karena나 sebab을 사용하여 한다.

setelah

'~한 후' 의 뜻을 가진 접속사이다. Mereka akan datang setelah ada rumah도 가능하다. 특히 Setelah가 문두에 올 경우, 종속절과 주절 사이에 쉼표를 사용한다. sesudah를 setelah 대신 사용할 수 있다.

Tata Bahasa

날짜, 요일 묻고 대답하기

요일

Hari ini hari apa?	오늘은 무슨 요일입니까?
Hari ini hari Sabtu.	오늘은 토요일입니다.
Hari apa anda bermain golf?	무슨 요일에 당신은 골프를 합니까?
Saya bermain golf pada hari Minggu.	나는 일요일에 골프를 합니다.

날짜

Hari ini tanggal berapa?	오늘은 몇 일입니까?
Hari ini tgl. 1 bulan April.	오늘은 4월 1일입니다.

Tanggal berapa anda berangkat ke Indonesia? 며칠에 당신은 인도네시아로 출발합니까?
Saya berangkat ke Indonesia pada tgl. 10 Mei.5월 10일에 나는 인도네시아로 출발합니다.

☞ tgl. 은 tanggal의 약어이며 '일'을 나타낸다.
시간 앞에는 전치사 pada를 쓰고 '~에'로 이해한다. pada는 생략가능하다.
요일, 일, 월, 년의 순서로 날짜를 표기한다.
Hari ini hari Rabu, tgl. 1 bulan April tahun 2009.

Mengenal Indonesia | 하숙집 Kost

인도네시아의 대학교 주변에는 일명 '꼬스'라 불리는 하숙집이 많이 있다. 우리나라의 하숙집과는 달리 주인이 함께 살지 않고 관리인을 두어 관리한다. 식사는 제공되지 않으며 세탁서비스만 한정적으로 제공된다. 보통 타 지방 출신 학생들이나 장거리 통학을 원하지 않는 학생들이 이용한다. 도심의 직장인들 중에도 꼬스를 이용하는 경우가 많다. kost는 과거에 네덜란드에서 중하위 계급의 자녀를 상류가정에 양자처럼 보내 학문과 예절을 배우게 하던 제도를 일컫는 용어이었다고 한다.

Pakaian tradisional Bali

발리 전통의상

Sekilas Indonesia | 현대적인 감각으로 재 탄생된 전통의상의 느낌이 새롭다.

Kebun bunga di Medan Merdeka
자카르타 중심에 위치한 머르데카 광장의 화단

BAGIAN 4

9 어디 사세요?
10 우리 아파트에는 수영장이 있어요
11 집이 크고 좋네요
12 집세가 너무 비싸요

어디 사세요? Di mana Anda tinggal?
디 마나 안다 띵갈

Pelajaran 9

장소와 관련된 전치사, di, ke, dari의 사용에 대해 학습하고 이를 활용하여 장소를 포함한 문장을 표현할 수 있다.

percakapan

Dodi: Pak Kim, sudah mendapat rumah?
빡 김 수다 믄다빳 루마

Kim Su-min: Ya, sudah.
야 수다

Dodi: Di mana rumah itu?
디 마나 루마 이뚜

Kim Su-min: Rumah saya yang baru ada di Pondok Indah.
루마 사야 양 바루 아다 디 뽄독 인다

Dodi: Wah, rumah Anda dekat dari rumah saya.
와 루마 안다 드깟 다리 루마 사야

Kim Su-min: Oh, ya? Di mana Anda tinggal, Pak Dodi?
오 야 디 마나 안다 띵갈 빡 도디

Dodi: Saya juga tinggal di Pondok Indah.
사야 주가 띵갈 디 뽄독 인다

Kosakata

di mana 어디에
tinggal 살다, 거주하다
baru 새로운
wah 와!
dekat 가까운

도　디 : 김수민 씨, 집 구했어요?

김수민 : 네, 구했어요.

도　디 : 어디예요?

김수민 : 저의 새 집은 뽄독인다에 있어요.

도　디 : 와, 김수민 씨 집은 우리 집에서 가깝겠는 걸요

김수민 : 그래요? 도디 씨는 어디 사세요?

도　디 : 저도 뽄독인다에 살아요.

Ungkapan

Ya, sudah.

과거시제 조동사인 sudah를 사용한 의문문의 긍정 대답은 Ya, sudah.(네, 이미 했어요) 또는 sudah만으로 가능하다. 부정 대답은 belum이나 tidak으로 한다.

rumah saya yang baru

일반적으로 명사의 수식은 명사+형용사+소유격+지시 대명사의 순으로 한다. 그러나 관계대명사 yang을 사용할 경우 소유격만 yang 앞에 위치한다.
rumah saya yang baru는 rumah baru saya(나의 좋은 집)와 같다.

Tata Bahasa

장소를 나타내는 전치사

di ~에, ~에서

Kami tinggal di Jakarta.	우리는 자카르타에 산다.
Adik menonton televisi di kamar.	동생은 방에서 텔레비전을 본다.

ke ~로, ~에

Mereka berangkat ke Bali.	그들은 발리로 출발한다.
Teman saya pergi ke perpustakaan.	내 친구는 도서관에 간다.

dari ~로부터, ~에서

Pelajar itu datang dari Jepang.	그 학생은 일본에서 왔다.
Dia berasal dari Sumatra.	그는 수마트라 출신이다.

☞ 회화에서 동사를 생략하고 di, ke, dari 전치사로만 나타내기도 한다.

Rumah saya di Seoul.	나의 집은 서울에 있다.
Dia ke pasar.	그녀는 시장에 간다.
Uang ini dari Ibu.	이 돈은 엄마가 주셨다.

Mengenal Indonesia | 엄지 손가락으로 지시
Menunjuk dengan ibu jari

인도네시아 사람들은 무엇인가를 가리킬 때 주먹을 쥔 상태에서 엄지 손가락을 펴서 가리키고자 하는 방향으로 향하게 한다. 반면에 학교 수업, 세미나, 회의 등에서 질문을 하기 위해 손을 드는 경우에는 우리가 평소 무엇인가를 가리킬 때 하는 것처럼 주먹을 쥔 채 검지 손가락을 펴서 하늘을 향하게 한다.

발리 주민들은 농사를 짓거나 대부분 관광사업에 종사한다.

Kehidupan masyarakat Bali

발리 서민들의 생활 모습

우리 아파트에는 수영장이 있어요
Ada kolam renang di dalam apartemen kami
아다 꼴람 르낭 디 달람 아빠르뜨먼 까미

10 Pelajaran

주택 또는 아파트의 시설과 관련된 어휘나 표현을 학습하고, 수와 단위를 익혀 숫자를 읽고 표현할 수 있다.

percakapan

Dodi: Bagaimana fasilitas rumah baru Anda?
바가이마나 파실리따스 루마 바루 안다

Kim Su-min: Fasilitasnya bagus. Ada kolam renang di dalam apartemen kami.
파실리따스냐 바구스 아다 꼴람 르낭 디 달람 아빠르뜨먼 까미

Dodi: Selain itu ada fasilitas apa saja?
슬라인 이뚜 아다 파실리따스 아빠 사자

Kim Su-min: Ada toko swalayan di lantai bawah. Jadi mungkin mudah berbelanja.
아다 또꼬 스왈라얀 디 란따이 바와 자디 뭉낀 무다 브르블란자

Dodi: Bagus sekali. Bagaimana keamanannya?
바구스 스깔리 바가이마나 끄아마난이냐

Kim Su-min: Keamanannya pun bagus. Dijaga 24 jam oleh satpam.
끄아마난냐 뿐 바구스 디자가 두아뿔루음빳 잠 올레 삿빰

Kosakata

kolam renang 수영장
fasilitas 시설
apartemen 아파트
selain itu 그밖에
toko 가게
toko swalayan 슈퍼마켓
lantai bawah 지하
jadi 그래서
mungkin 아마도
mudah 쉬운
berbelanja 쇼핑하다
sekali 매우
keamanan 안전, 보안
pun 역시, 도
dijaga 지켜지다
jam 시간
oleh ~에 의해
satpam 경비원

도　디 : 새 집 시설은 어때요?

김수민 : 시설이 좋아요. 우리 아파트에는 수영장이 있어요.

도　디 : 그 외에 어떤 시설들이 있어요?

김수민 : 지하에 슈퍼마켓도 있어요. 그래서 장보기가 쉬울 것 같아요.

도　디 : 매우 좋군요. 안전은 어때요?

김수민 : 안전도 걱정 안 해도 돼요. 경비원이 24시간 지키고 있거든요.

Ungkapan

selain itu

'그 밖에' 의 뜻으로 di samping itu와 같다

jadi

jadi는 쓰임이 다양하다. 우선 '~이 되다' 의 동사 menjadi의 어근이며, 접속사로 사용될 때는 '그래서' 또는 '그러므로' 의 뜻이다. 또 일상 회화에서는 어떤 일의 성사여부를 물을 때 사용하기도 한다. Jadi ke Korea? 라고 말한다면 '한국에 가게 됐어?' 의 뜻이 된다.

Tata Bahasa

숫자

0부터 10까지의 수 익히기

0 nol	3 tiga	6 enam	9 sembilan
1 satu	4 empat	7 tujuh	10 sepuluh
2 dua	5 lima	8 delapan	

11부터 19까지의 수 익히기-숫자+belas

sebelas(11) / lima belas(15) / sembilan belas(19)

단위 수-숫자+단위

10 단위 puluh

sepuluh(10)/dua puluh(20)/tiga puluh(30)

100 단위 ratus

seratus(100)/empat ratus(400)/lima ratus(500)

1.000 단위 ribu

seribu(1.000)/enam ribu (6.000)/tujuh ribu(7.000)

1.000.000 단위 juta

satu juta(1.000.000)/delapan juta(8.000.000)

숫자읽기

897.654.234

delapan ratus sembilan puluh tujuh juta enam ratus lima puluh empat ribu dua ratus tiga puluh empat

☞ 수의 단위를 표시할 때 마침표(.)를 사용하며 소수점을 표시할 때는 쉼표(,)를 사용한다.
☞ 단위 앞에서 satu는 se로 축약된다.

Mengenal Indonesia

| 인도네시아 보안 인력
Pengaman di Indonesia

군인과 경찰 이외에 삿빰(Satpam)과 뻬론다(peronda)는 어디서든지 쉽게 볼 수 있는 인도네시아의 보안 인력이다. 특히 삿빰은 군인, 경찰과 함께 전문 보안 인력으로 구분되며, 관공서, 주요 건물, 그리고 주택단지 또는 개인 주택에서 경비업무를 담당한다. 반면에 뻬론다는 동네주민들이 자발적으로 구성한 야간 순찰대로서 밤부터 새벽까지 동네를 돌며 지역민의 안전 파수꾼으로 활동한다.

Pengaman

보안인력

Sekilas Indonesia | 폭탄테러를 방지하기 위해 도심의 주요 건물 입구에서 차량 및 방문자를 대상으로 검문검색을 한다.

집이 크고 좋네요 Rumahnya besar dan bagus
루마냐 브사르 단 바구스

11 Pelajaran

주택과 관련된 어휘를 익히고, 분수, 소수, 백분율, 그리고 수식을 읽고 활용한다.

percakapan

Dodi: Pak Kim sudah pindah rumah?
빡 김 수다 삔다 루마

Kim Su-min: Ya, kemarin saya pindah rumah.
야 끄마린 사야 삔다 루마

Dodi: Maaf karena saya tidak datang untuk menolong.
마압 까르나 사야 띠닥 다땅 운뚝 므놀롱

Kim Su-min: Tidak apa-apa. Tidak banyak barang.
띠닥 아빠-아빠 띠닥 바냑 바랑

Dodi: Ada berapa kamar di rumah Anda?
아다 브라빠 까마르 디 루마 안다

Kim Su-min: Ada tujuh kamar. Tiga kamar tidur, dua kamar mandi,
아다 뚜주 까마르 띠가 까마르 띠두르 두아 까마르 만디
satu kamar tamu, dan satu kamar makan.
사뚜 까마르 따무 단 사뚜 까마르 마깐

Dodi: Apakah ada kamar pembantu?
아빠까 아다 까마르 쁨반뚜

Kim Su-min: Ada tapi kami tidak mau pakai pembantu
아다 따삐 까미 띠닥 마우 빠까이 쁨반뚜

Kosakata

besar 큰
dan 그리고
bagus 좋은
pindah 옮기다
kemarin 어제
maaf 사과하다
karena 왜냐하면
untuk ~하기 위해, ~를 위해
menolong 돕다
banyak 많은
barang 물건
mau 원하다, ~하려고 하다
pakai 사용하다
kamar 방
kamar tidur 침실
kamar mandi 욕실
kamar tamu 거실
kamar makan 주방
dapur 부엌
toilet 화장실
kebun 정원
garasi 차고
pintu 문
jendela 창문

도 디 : 김수민 씨 이사했어요?

김수민 : 네, 어제 이사했어요.

도 디 : 미안해요, 와서 돕지도 못하고.

김수민 : 괜찮아요. 짐도 많지 않은걸요.

도 디 : 방이 몇 개예요?

김수민 : 7개요. 침실 3개, 욕실 2개, 거실 1개, 그리고 주방이 있어요.

도 디 : 가정부 방도 있어요?

김수민 : 있어요. 하지만 우리는 가정부를 쓰지 않을 거예요.

Ungkapan

maaf

'미안합니다' 의 뜻으로 사과할 때 쓰는 말이며, 일상회화에서는 Maaf 끝에 ya를 붙이기도 한다. 또는 영어의 Sorry를 사용하기도 하며 문자로 표현할 때는 소리나는 대로 적어 sori라고 한다. 더 정중히 사과를 말할 때는 Mohon maaf을 쓴다.

ada

동사 ada는 '있다' 의 뜻이며 장소를 나타내는 전치사 di가 있는 경우 동사 ada는 생략가능하다. 또한 Ada banyak orang di taman. (많은 사람들이 공원에 있다)에서 처럼 ada는 주어와 도치되어 문두에 올 수 도 있다.

Tata Bahasa

분수, 소수, 수식 읽기

1. 분수읽기-분자에서 분모로 읽어 내리기

2/3 dua pertiga

☞ 1/2는 seperdua라고 하지 않고 setengah(반)로 읽는다.

2. 소수 읽기-소수점을 쉼표(,)로 쓰는 것을 제외하고는 한국어의 소수점 읽기와 같다.

0,5 nol koma lima / 3,261 tiga koma dua enam satu

3. 백분율 읽기-%를 persen으로 읽는다.

100% seratus persen

4. 수 식 읽기-한국어의 수식읽기와 같다.

4+6=10 empat **tambah** enam **sama dengan** sepuluh

8-1=7 delapan **kurang** satu **sama dengan** tujuh

2×9=18 dua **kali** sembilan **sama dengan** delapan belas

15÷3=5 lima belas **bagi** tiga **sama dengan** lima

Mengenal Indonesia | 서양계 혼혈인 Orang Indo

가끔 텔레비전을 보다 보면 인도네시아 연예인들은 일반인들보다 키도 크고 피부색도 하얗다는 인상을 받는데, 이들 대부분이 서양계 혼혈인 이기 때문에 그렇다고 한다. 350여년 간 네덜란드의 식민통치를 받는 동안 자연스럽게 네덜란드인과 현지인의 결혼이 이루어졌고 그들의 후손은 인도네시아인도, 네덜란드인도 아닌 인도인(orang Indo)으로 불리게 되었다. 식민통치 당시에는 혼혈인의 사회적 위치가 불분명했지만, 수 백의 종족이 어울려 사는 인도네시아에서 혼혈인에 대한 편견은 심하지 않은 편이다. 오랑인도(orang Indo)는 현재 네덜란드계 혼혈인 뿐만 아니라 서양계 혼혈인을 모두 포함하는 용어가 되었다. 인도사람을 지칭하는 오랑 인디아(Orang India)와 혼동하지 말아야 할 것이다.

Keraton Yogyakarta

족자카르타 왕궁

Sekilas Indonesia | 1755년 하멩꾸부워노 1세 (Hamengkubuwono)에 의해 건립되었다.

집세가 너무 비싸요
Bayaran sewa rumah terlalu mahal
바야란 세와 루마 뜨르랄루 마할

12
Pelajaran

임대주택과 관련된 표현들을 익히고, 서수의 표현법과 활용에 대해 학습한다.

percakapan

Dodi: Pak Kim, rumah ini punya sendiri atau disewa?
빡 김 루마 이니 뿌냐 슨디리 아따우 디세와

Kim Su-min: Ini rumah sewa. Saya rasa bayaran sewa rumah ini terlalu mahal.
이니 루마 세와 사야 라사 바야란 세와 루마 이니 뜨르랄루 마할

Dodi: Berapa bayaran sewa rumah ini?
브라빠 바야란 세와 루마 이니

Kim Su-min: Seribu lima ratus dolar AS per bulan.
스리부 리마 라뚜스 돌라르 아메리까 스리깟 쁘르 블란

Dodi: Berapa lama masa kontrak rumah ini?
브라빠 라마 마사 꼰뜨락 루마 이니

Kim Su-min: Saya kontrak rumah ini untuk satu tahun.
사야 꼰뜨락 루마 이니 운뚝 사뚜 따훈

Katannya, saya nanti dapat memperpanjang masa kontraknya.
까따냐 사야 난띠 다빳 믐쁘르빤장 마사 꼰뜨락냐

Kosakata

bayaran 지불액
sewa 세들다
terlalu 너무나
mahal 비싼
sendiri 자신의
atau 또는
disewa 세내다
per ~에 대하여, ~마다
masa kontrak 계약기간
kontrak 계약하다
katanya ~라고 하다
nanti 나중에
memperpanjang 연장하다

도 디 : 김수민 씨, 이 집을 샀어요 아니면 세를 얻었어요?

김수민 : 세낸 집이에요. 그런데, 집세가 너무 비싼 것 같아요.

도 디 : 이 집세가 얼마예요?

김수민 : 한 달에 1,500 불 이예요.

도 디 : 이 집 계약기간이 얼마나 되요?

김수민 : 1년 계약했어요. 다음에 계약기간을 연장 할 수 있다고 하더라고요.

Ungkapan

terlalu mahal

terlalu는 '너무' 또는 '지나치게'의 뜻으로 형용사 앞에서 형용사의 뜻을 강조하는 역할을 한다. terlalu kecil(너무 작다) / terlalu gemuk(너무 뚱뚱하다) / terlalu capek(너무 피곤하다) 처럼 사용한다.

berapa lama

기간을 물을 때 사용한다. berapa jam?(몇 시간?), berapa hari?(며칠?), berapa bulan?(몇 달?), 그리고 berapa tahun?(몇 년?) 처럼 구체적으로 기간을 물을 수도 있지만, berapa lama? '얼마나 오래?'의 의미로 기간을 질문한다.

katanya

'~라고 하더라'의 의미로 본인의 말이 아닌 다른 사람의 말, 또는 전해 들은 이야기를 다시 다른 사람에게 전달할 때 사용한다. -nya자리에 실명을 사용해도 된다. Kata ibu Wati, ~는 '와띠부인이 그러는데,~'가 된다.

Tata Bahasa

서수

1. 인도네시아에서 서수는 **yang ke-기수**의 형태를 갖는다.
   yang kedua(두 번째), yang ketiga(세 번째), yang keempat(네 번째), 등…..

   tiga kamar 세개의 방
   kamar yang ketiga 세 번째 방

2. '첫 번째'의 경우에만 yang kesatu라고 하지 않고 **yang pertama**라고 한다.
   satu orang 한 사람
   orang yang pertama 첫 번째 사람

3. 서수를 쓸 때 yang이 생략되기도 한다.
   anak pertama=anak yang pertama 첫째 아이

4. 서수를 쓸 때 ke- 뒤에 아라비아 숫자를 쓰기도 한다.
   buku yang ke-10 열 번째 책

Mengenal Indonesia | 집 세 얻기 Kontrak rumah

대부분 인도네시아에 거주하는 외국인들은 주택이나 아파트를 임차한다. 우리나라의 전세 개념의 임차는 없고, 월세 또는 1년치를 한꺼번에 지불하는 형식이다. 일반적으로 중계소나 인맥을 통해 집을 찾으며 2년 계약을 원칙으로 한다. 임대인과 임차인이 함께 계약서에 서명한 후 공증을 받는 것이 일반적이다. 임차료는 집의 크기, 상태, 위치 등에 따라 천차만별이며 가구와 전자제품이 포함된 경우 훨씬 더 비싸다.

Perumahan

주택단지

Sekilas Indonesia | 현지인들은 아파트보다 일반 주택을 더 선호하며 주택단지를 형성하여 모여 산다.

Masjid Istiqlal dan sekitarnya
동남아시아에서 가장 규모가 큰 이스띠끌랄 회교사원을 중심으로 한 자카르타 시내 전경

BAGIAN 5

사무실로 가다 Ke kantor
끄 깐또르

13
Pelajaran

시간과 관련된 어휘 및 표현을 학습하여 정확한 시간을 표현할 수 있도록 한다.

percakapan

Kim Su-min: Yanto, bisakah Anda datang lebih cepat besok?
얀또 비사까 안다 다땅 르비 쯔빳 베속

Yanto: Mengapa, Tuan?
믕아빠 뚜안

Kim Su-min: Besok pagi ada rapat di kantor.
베속 빠기 아다 라빳 디 깐또르

Yanto: Saya datang sampai jam berapa?
사야 다땅 삼빠이 잠 브라빠

Kim Su-min: Datang saja pada pukul setengah tujuh pagi.
다땅 사자 빠다 뿌꿀 스뜽아 뚜주 빠기

Yanto: Ya, Tuan. Saya mengerti. Kalau begitu, saya boleh pulang sekarang?
야 뚜안 사야 믕으르띠 깔라우 브기뚜 사야 볼레 뿔랑 스까랑

Kim Su-min: Tentu saja boleh.
뜬뚜 사자 볼레

Yanto: Terima kasih. Saya pulang dulu, Tuan.
뜨리마 까시 사야 뿔랑 둘루 뚜안

Kosakata

kantor 사무실
bisakah ~할 수 있습니까?
lebih cepat 더 빨리
rapat 회의
sampai ~까지
saja 단지, 오직
pukul 시각
setengah 반, 1/2
mengerti 이해하다
kalau begitu 그렇다면
pulang 귀가하다
sekarang 지금
tentu saja 물론
dulu 먼저, 예전에

김수민 : 얀또, 내일 좀 일찍 올 수 있나?

얀 또 : 왜요?

김수민 : 내일 아침에 사무실에서 회의가 있거든.

얀 또 : 제가 몇 시까지 와야 하나요?

김수민 : 6시 반까지 오게나.

얀 또 : 네, 알겠습니다. 그러면 지금 퇴근해도 될까요?

김수민 : 물론 되고말고.

얀 또 : 감사합니다. 퇴근하겠습니다.

Ungkapan

lebih cepat

'더 일찍' 의 뜻이며, 형용사 앞에 lebih는 '더' 의 뜻이다.

sampai jam berapa?

'몇 시까지요?' 의 뜻이며 sampai는 '~까지' 를 나타낸다. 이 표현은 sampai pukul berapa?로도 가능하다.

Saya pulang dulu

'저 먼저 가 보겠습니다' 라는 뜻의 인사표현이다.

Tata Bahasa

시간을 나타내는 pukul

1. 시간을 나타낼 때는 **pukul**과 **jam**을 사용한다.
   Sekarang pukul 10 tepat.
   지금은 10시 정각입니다.
   Kami berangkat pada jam 9 lewat 10 menit.
   우리는 9시 10분에 출발합니다.

2. 30분을 표현할 때는 **setengah**를 먼저 쓰고 해당 시간에 한 시간을 더하여 표현한다.
   Dia tiba pada pukul setengah 9 malam.
   =Dia tiba pada pukul 8 lewat 30 menit malam.
   그는 밤 8시 반에 도착했다.

3. '~ 분 전'을 말할 때는 **kurang**을 사용한다.
   Dia pulang pada pukul 6 kurang 5 menit.
   그는 6시 5분 전에 집에 갔다.

4. 15분을 표현할 때는 **seperempat**을 사용하기도 한다.
   Pembantu kami bangun pukul 4 lewat seperempat.
   우리 가정부는 4시 15분에 일어난다.

5. 시와 분 사이의 lewat은 생략이 가능하다.
   Kuliah mulai pukul 9 (lewat) 20 menit.
   강의는 9시 20분에 시작한다.

Mengenal Indonesia | 주민증 KTP (kartu tanda penduduk)

까떼뻬(KTP)는 인도네시아인들의 주민증이다. 이름, 주민번호, 주소 이외에 생년월일, 혈액형, 종교, 결혼여부, 그리고 직업이 표시되어 있다. 가정부나 기사를 채용할 때 고용인은 까떼뻬 사본을 요구하여 보관하는 것이 관례화되어 있다. 이는 혹시 생길지 모르는 불상사를 대비하는 것이라지만, 까떼뻬 사본만으로 도망간 가정부나 기사를 찾는 것은 현실적으로 불가능하다. 인도네시아에 거주하는 외국인의 경우, 여권이나 인도네시아 이민국에서 발급하는 거주허가증(KITAS)으로 신분증을 대신한다.

2009년 총선을 앞두고 거리마다, 골목마다 선거 유세가 한창이다.

Pemilu(Pemilihan Umum)

총선

평소에 이 길은 막히지 않아요
Biasanya jalan ini tidak macet
비아사냐 잘란 이니 띠닥 마쯧

14
Pelajaran

도로정체현상과 관련된 표현을 학습하며, 형용사의 의미를 확장하는 여러 패턴을 익혀 사물이나 상황의 상태를 더 구체적이고 자세히 표현할 수 있게 한다.

percakapan

Kim Su-min: Cepat sedikit. Saya akan terlambat.
쯔빳 스디낏 사야 아깐 뜨르람밧

Yanto: Ya, tapi jalannya macet sekali pagi ini.
야 따삐 잘란냐 마쯧 스깔리 빠기 이니

Kim Su-min: Tidak ada jalan lain?
띠닥 아다 잘란 라인

Yanto: Tidak ada kecuali jalan tol.
띠닥 아다 끄쭈알리 잘란 똘

Kim Su-min: Kenapa tidak lewat jalan tol sejak tadi?
끄나빠 띠닥 레왓 잘란 똘 스작 따디

Yanto: Biasanya jalan ini tidak macet.
비아사냐 잘란 이니 띠닥 마쯧

Mungkin ada tabrakan mobil di depan.
뭉낀 아다 따브락깐 모빌 디 드빤

Kim Su-min: Lebih baik kita lewat tol saja supaya sampai di kantor tepat waktu.
르비 바익 끼따 레왓 똘 사자 수빠야 삼빠이 디 깐또르 뜨빳 왁뚜

Kosakata

biasanya 보통, 일반적으로
jalan 길
macet 막히다
sedikit 조금
terlambat 늦다
lain 다른
kecuali ~을 제외하고
jalan tol 고속도로
kenapa 왜
lewat 통과하다
sejak ~이래로
tadi 조금 전
tabrakan 추돌
mobil 자동차
depan 앞
lebih baik ~하는 편이 더 좋다
supaya ~하도록
sampai 도착하다
tepat 정확한
waktu 시간

김수민 : 좀 빨리 가게. 나 늦겠어.

얀 또 : 네, 그런데 오늘 아침에 이 도로는 정체가 매우 심하네요.

김수민 : 다른 길은 없나?

얀 또 : 고속도로 말고는 없어요.

김수민 : 왜 처음부터 고속도로를 이용하지 않았지?

얀 또 : 평소에 이 길은 막히지 않아요. 아마 앞에 자동차 추돌사고라도 났나 봐요.

김수민 : 제시간에 사무실에 도착하기 위해 지금이라도 고속도로로 가는 게 좋겠어.

Ungkapan

cepat sedikit

'조금 빨리' 의 뜻으로 회화에서 사용된다. 원래는 sedikit cepat이라고 해야 옳다.

sejak

'~한 이래로' 의 뜻으로 영어의 since와 쓰임이 같다. sejak tahun 1988(1988년 이래로)나 sejak kecil(어릴적 부터) 처럼 사용된다.

lebih baik~

'~하는 편이 더 좋다' 의 뜻으로 최선의 결정을 표현할 때 사용할 수 있다.

Tata Bahasa

형용사의 활용

형용사+sekali=sangat+형용사
tinggi sekali=sangat tinggi 매우 높은

agak+형용사=sedikit+형용사
agak kotor=sedikit kotor 조금 더러운

terlalu+형용사
terlalu gelap 너무 어두운

paling+형용사=ter-형용사
paling besar=terbesar 가장 큰

se-형용사+mungkin
secepat mungkin 가능한 빨리

se-형용사-형용사 -nya
sebesar-besarnya 최대한 크게

Mengenal Indonesia | 3 in 1

자카르타 도심에는 3 in 1지역이라고 하는 출퇴근 시간대에 탑승객이 3명 미만인 차량은 통행이 금지되는 구역이 있다. 혼잡통행료 징수구역이라고도 하는데 위반했을 경우에 벌금이 부과된다. 따라서 3명 미만 탑승 차량은 3 in 1지역 진입로에서 대기하고 있는 조끼 (joki)라 불리는 아이들을 태우고 이 구간을 통과할 수 밖에 없다. 해당 구간을 벗어나면 조끼는 일정 금액의 수고비를 받고 차에서 내린다. 경우에 따라서는 정원을 맞추기 위해 집에서 가정부를 태우고 나오기도 한다.

자카르타 시내 풍경이다.

DKI Jakrta

자카르타 특별시

주유하다 Mengisi bensin
믕이시 벤신

15
Pelajaran

과거, 현재, 현재진행, 미래를 나타내는 시제 조동사의 종류와 활용에 대해 학습한다.

percakapan

Kim Su-min: Tuti, sopir sudah masuk?
뚜띠 소삐르 수다 마숙

Tuti: Ya. Dia sudah masuk, Tuan.
야 디아 수다 마숙 뚜안

Kim Su-min: Dia sedang apa?
디아 스당 아빠

Tuti: Dia sedang mencuci mobil.
디아 스당 믄쭈찌 모빌

Kim Su-min: Suruh sopir isi bensin dulu sebelum berangkat.
수루 소삐르 이시 벤신 둘루 스블룸 브랑깟

Ini uang untuk mengisi bensin.
이니 우앙 운뚝 믕이시 벤신

Tuti: Ya, Tuan. Saya akan menyampaikannya.
야 뚜안 사야 아깐 므냠빠이깐냐

Kosakata

mengisi 넣다, 채우다
bensin 휘발유
masuk 들어가다, 출근(등교)하다
mencuci 씻다
suruh 시키다
sebelum ~하기 전
berangkat 출발하다
uang 돈
menyampaikan 전달하다

김수민 : 뚜띠, 기사 출근했니?
뚜　띠 : 네, 벌써 출근했어요.
김수민 : 기사 지금 뭐해?
뚜　띠 : 세차하고 있어요.
김수민 : 기사한테 출발 전에 주유하고 오라고 해. 이거 주유비야.
뚜　띠 : 네, 전할께요.

Ungkapan

sedang apa?

'지금 뭐하세요?' 하고 상대방에게 물을 때 사용하는 구어체적 표현이다. Lagi apa?라고 해도 된다. 만약, '주말에 뭐했어요?' 하고 질문을 한다면, Apa yang anda lakukan pada akhir minggu?를 사용한다.

suruh+사람+동작

suruh는 '~을 시키다'의 뜻을 가진 동사 menyuruh의 어근으로 명령문에서 어근으로만 사용해야 한다. 제 3자에게 어떤 행동을 하도록 지시하라고 상대방에게 말할 때 사용한다.

dulu

문장 앞 부분에 사용하면 '이전에, 옛날에'의 의미이고 문장 끝에 사용하면 '우선, 먼저'의 의미이다.

Dulu kami tinggal di Busan.	전에 우리는 부산에 살았다.
Saya pulang dulu.	저 먼저 가보겠습니다.

Tata Bahasa

시제 조동사

telah/sudah(과거형)

Dia sudah mandi. 그는 목욕을 했다.

Anak saya telah menjadi mahasiswa. 내 아이는 이미 대학생이 되었다.

sedang(진행형)

Dia sedang mandi. 그는 목욕 중이다.

akan(미래형)

Dia akan mandi. 그는 목욕을 할 것이다.

masih(상태, 동작의 지속)

Dia masih mandi. 그는 아직도 목욕을 한다.

☞ 시간 부사를 사용하는 경우 시제 조동사는 생략이 가능하다.

Sekarang dia mandi. 그는 지금 목욕을 하고 있다.

일상회화에서 **lagi**는 sedang을 대신해서 자주 사용된다.

Dia lagi mandi. 그는 목욕 중이다.

Mengenal Indonesia

| 백 루피아 경찰, 빡 오가
Pak Ogah polisi cepek

동네의 좁은 길 진입로나 좌회전 우회전 지역, 또는 차량이 많은 도로의 유턴지역에서 교통정리를하거나 차량을 통제하여 차량들이 부딪히지 않고 지나갈 수 있도록 도와주고 수고 비를 받는 사람을 빡 오가라고 한다. 서비스를 받은 운전자들은 보통 동전으로 사례를 하는 경우가 많기 때문에 동전을 받고 교통경찰의 일을 한다는 의미로 백 루피아 경찰(Polisi cepek)이라고도 한다.

인도네시아의 대표 정유회사인 PERTAMINA주유소 풍경, 석유가 생산되는 인도네시아는 오일 값이 비교적 저렴한 편이다.

Pompa bensin

주유소

Pura Tanah lot di Bali
발리의 따나롯 힌두 해상 사원

BAGIAN 6

16 조금 전 사업파트너에게서 전화왔었어요

17 오늘 회의는 취소됐어요

18 손님마중

조금 전 사업파트너에게서 전화왔었어요
Tadi ada telepon dari mitra usaha
따디 아다 뗄레뽄 다리 미뜨라 우사하

16
Pelajaran

'시간' 과 '시'의 두 가지 의미로 사용되는 jam 의 정확한 사용에 대해 학습하여 '시' 와 '시간'을 정확히 구분하여 사용할 수 있도록 한다.

percakapan

Sekretaris: Tadi ada telepon dari mitra usaha untuk Mr. Kim.
따디 아다 뗄레뽄 다리 미뜨라 우사하 운뚝 미스뜨르 김

Kim Su-min: Pukul berapa dia telepon?
뿌꿀 브라빠 디아 뗄레뽄

Sekretaris: Kira-kira pukul dua siang tadi.
끼라-끼라 뿌꿀 두아 시앙 따디

Kim Su-min: Ada pesan?
아다 쁘산

Sekretaris: Dia minta ditelepon kembali. Kalau bisa sebelum jam pulang.
디아 민따 디뗄레뽄 끔발리 깔라우 비사 스블룸 잠 뿔랑

Kim Su-min: Kalau begitu sekarang saya telepon saja.
깔라우 브기뚜 스까랑 사야 뗄레뽄 사자

Berapa nomor teleponnya?
브라빠 노모르 뗄레뽄냐

Sekretaris : Nomor telepon kantornya empat lima enam tujuh delapan dua tiga.
노모르 뗄레뽄 깐또르냐 음빳 리마 으남 뚜주 들라빤 두아 띠가

Kim Su-min: Tolong dicatat di kertas.
똘롱 디짯땃 디 끄르따스

Kosakata

telepon 전화, 전화하다
mitra 동업자
usaha 사업
kira-kira 대략
pesan 메시지
minta 요청하다
kembali 다시
nomor 번호
tolong ~해 주세요
dicatat 쓰여지다, 메모되다
kertas 종이

비　서 : 김부장님, 아까 사업파트너에게서 전화가 왔었어요.

김수민 : 몇 시예요?

비　서 : 오후 2시쯤이요.

김수민 : 뭐라든가요?

비　서 : 퇴근 전에 전화해 달래요.

김수민 : 그럼, 지금 해야겠군. 전화번호가 몇 번이죠?

비　서 : 사무실 전화번호는 456- 7823이예요.

김수민 : 종이에 적어주세요.

Ungkapan

tadi

'조금 전'의 뜻이며 현재와 가까운 과거를 나타낸다. 특히, tadi malam은 '어제 밤', tadi pagi는 '오늘 아침' 이라는 표현으로 회화에서 자주 사용된다.

kira-kira

'대략'의 뜻으로 kurang lebih 또는 rata-rata 등과 바꿔 사용할 수 있다.

pukul 2 siang

'오후 2시'를 나타낸다. 인도네시아어에는 '오전'과 '오후'에 해당하는 단어가 따로 없고 pagi(아침), siang(낮), sore(오후), malam(밤)을 시간과 함께 사용한다.

Tata Bahasa

소요 시간을 나타내는 jam

1. 소요 시간을 나타낼 때는 jam을 사용한다.

Saya belajar 5 jam setiap hari. 나는 매일 5시간 공부한다.

2. jam의 사용 비교

Jam berapa anda tidur kemarin?	당신은 어제 몇 시에 잤어요?
Saya tidur jam 10 malam kemarin.	나는 어제 밤 10시에 잤어요.
Berapa jam anda tidur kemarin?	당신은 어제 몇 시간 잤어요?
Saya tidur 10 jam kemarin.	나는 어제 10시간 잤어요.

3. memakan waktu ~jam은 '~ 시간이 걸리다'의 표현

Perjalanan ke Pulau Jeju memakan waktu 1 jam. 제주도로 가는데 1 시간 걸린다.

Mengenal Indonesia | 인도네시아 표준시간 WIB (Waktu Indonesia Barat)

인도네시아는 적도를 가운데로 하여 북위 6도, 남위 11도의 폭을 유지하면서 서쪽 수마트라 섬에서 동쪽 이리안 자야 섬까지 동서로 길게 뻗어있다. 이 광활한 영토는 서부, 중부, 동부의 세 지역으로 구분되는데 각 지역에 적용되는 시간대가 다르다. 즉, 수마트라, 자바, 그리고 서부와 중부 깔리만딴의 시간은 서부 인도네시아 시간대이며 GMT보다 7시간이 빠르다. 발리, 롬복, 술라웨시, 그리고 남부와 동부 깔리만딴의 시간은 중부인도네시아 시간대이며 GMT 보다 8시간이 빠르다. 또한 이리안 자야와 말루꾸의 시간은 동부인도네시아 시간대이고 GMT보다 9시간이 빠르다. 상황이 이러하다 보니, 행정의 중심지이며 수도인 자카르타가 위치해 있는 서부 인도네시아의 시간이 언급한 세 개의 시간대의 기준이 된다. 그러므로 전 인도네시아를 대상으로 시간을 표현할 때는 항상 시간 뒤에 서부 인도네시아 시간(Waktu Indonesia Barat)의 약어인 WIB을 사용한다.

Sekilas Indonesia | 땅꾸반 쁘라후 화산 근처의 신생화산으로 가는 숲속의 나무들. 나무들이 열대우림 같은 느낌을 준다.

Hutan

삼림

오늘 회의는 취소됐어요 Rapat hari ini dibatalkan
라빳 하리 이니 디바딸깐

17 Pelajaran

사무실 업무와 관련된 표현들을 익히고, '가능'을 표현하는 조동사 bisa, dapat, mampu **의 활용에 대해 학습한다.**

percakapan

Kim Su-min: Bagaimana jadwal kerja saya hari ini?
바가이마나 자드왈 끄르자 사야 하리 이니

Sekretaris: Pada pukul sepuluh pagi akan ada tamu dari bank.
빠다 뿌꿀 스뿔루 빠기 아깐 아다 따무 다리 방
Kemudian Tuan harus menghadiri jamuan makan siang bersama
끄므디안 뚜안 하루스 믕하디리 자무안 마깐 시앙 브르사마
dengan seluruh karyawan.
등안 슬루루 까르야완

Kim Su-min: Bagaimana rencana rapat pada sore hari ini?
바가이마나 른짜나 라빳 빠다 소레 하리 이니

Sekretaris: Itu tidak jadi.
이뚜 띠닥 자디

Kim Su-min: Apa alasannya?
아빠 알라산냐

Sekretaris: Karena sebagian karyawan tidak bisa hadir karena mereka
까르나 스바기안 까르야완 띠닥 비사 하디르 까르나 므레까
harus ke pabrik.
하루스 끄 빠브릭

Kim Su-min: Kalau begitu, kapan kita dapat melakukan rapat?
깔라우 브기뚜 까빤 끼따 다빳 믈라꾸깐 라빳

Sekretaris: Belum ditentukan. Nanti saya informasikan.
블룸 디뜬뚜깐 난띠 사야 인포르마시깐

Kosakata

rapat 회의
dibatalkan 취소되다
jadwal 스케줄
tamu 손님
kemudian 그리고 나서
harus ~해야 한다
menghadiri ~에 참석하다
hadir 참석하다
jamuan 연회, 회식
seluruh 전체
karyawan 사원
rencana 계획
alasan 이유
sebagian 일부분
pabrik 공장
melakukan 하다
ditentukan 결정되다
menginformasikan 알려주다

김수민 : 오늘 업무일정이 어떻게 되죠?

비　서 : 오전 10시에 은행에서 손님이 오실 거예요. 그리고 나서 전 사원과 함께 하는 점심식사에 참석하셔야 해요.

김수민 : 오늘 오후 회의 계획은 어떻게 됐죠?

비　서 : 그 회의 취소됐어요.

김수민 : 이유가 뭐죠?

비　서 : 일부 사원들이 공장에 가야 하기 때문에 참석할 수 없데요.

김수민 : 그러면 언제 회의를 하지요?

비　서 : 아직 정해지지 않았어요. 나중에 제가 알려 드릴께요.

Ungkapan

Itu tidak jadi.

스케줄이나 약속 등 사전에 계획했던 일이 실행되지 않게 됐을 때, '그거 성사되지 않았어요' 또는 '그거 안 한데요' 등의 의미로 사용한다.

Apa alasannya?

mengapa나 kenapa와 쓰임이 같다. '이유가 뭐예요?' 라는 의미로 사용된다.

sebagian karyawan

'일부 직원' 이라는 뜻이다. sebagian은 '부분' 이라는 뜻의 bagian에 satu를 축약한 se를 접두시켜 '일부분' 이라는 의미가 된다.

Tata Bahasa

가능을 표현하는 조동사 **bisa, dapat, mampu**

1. '~을 할 수 있다'의 뜻이며 동사 앞에 위치한다.
   Saya bisa berbicara bahasa Indonesia. 나는 인도네시아어를 말할 수 있다.
   Mereka dapat menolong orang miskin. 그들은 가난한 사람들을 도울 수 있다.
   Dia mampu belajar di luar negeri. 그는 외국에서 공부할 수 있다.

2. 조동사 앞에 tidak을 써서 부정한다.
   Paman tidak bisa naik tangga. 삼촌은 계단을 올라 갈 수 없다.
   Mereka tidak dapat bekerja di pabrik ini. 그들은 이 공장에서 일할 수 없다.
   Yeni tidak sanggup membeli komputer. 예니는 컴퓨터를 살 능력이 없다.

3. dapat은 문어체적 표현이고, 일상회화에서는 bisa를 주로 사용한다. 그리고 sanggup은 '능력'의 의미가 더 강하다.

Mengenal Indonesia | 독립 기념탑 MONAS (Monumen Nasional)

모나스라 불리는 독립 기념탑은 자카르타 중부 땀린가(Jl. M.H Thamrin)에 위치한 므르데까 광장 중앙에 위치한다. 이 탑은 1945년 8월 17일 인도네시아의 독립 선언을 기념하기 위해 1961년 인도네시아 초대 대통령인 수카르노 대통령의 지시로 건립되었다. 이 탑의 높이는 137미터이며 탑 정상은 불꽃모양의 황금으로 도금되어 있다. 이 황금 불꽃은 1995년도에 독립 50주년을 기념하기 위해 34kg의 도금된 무게를 50kg의 무게로 증축하였다. 탑의 구조는 상단과 하단으로 나누어지며 입구에서 탑까지의 거리, 탑 하단의 가로, 세로의 길이가 모두 각각 45미터로 이것은 독립된 해인 1945년을 상징한다. 또한 상단으로 향하는 17개의 계단과 황금 불꽃의 길이, 17미터는 17일을 나타내며 상단부와 하단부 각각의 모서리는 8개로서 8월을 상징한다. 정상까지 연결된 엘리베이터를 타고 전망대에 오르면 자카르타 시내 전체를 한 눈에 내려다 볼 수 있으며 탑의 지하에 마련된 '침묵의 방'이라고 불리는 역사 박물관에는 인도네시아의 역사를 48개의 투시화로 그려놓은 대작 등이 전시되어 있다.

Monumen Nasional

독립기념탑

Sekilas Indonesia | 모나스는 자카르타를 대표하는 조형물이다.

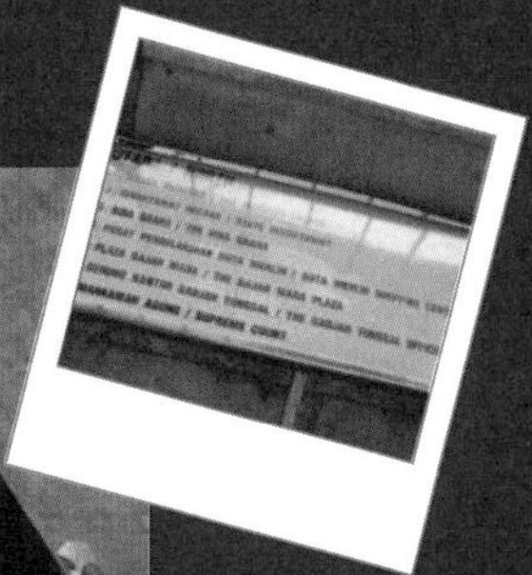

손님마중 Menjemput tamu

문즘뿟 따무

18
Pelajaran

일상생활에서 menjemput**(마중하다)과** mengantar**(배웅하다)의 사용에 대해 살펴보고, '허가'를 나타내는 조동사 boleh의 활용에 대해 학습한다.**

percakapan

Kim Su-min: Siapa yang akan menjemput tamu dari Korea malam ini?
시아빠 양 아깐 믄즘뿟 따무 다리 꼬레아 말람 이니

Sekretaris: Pak Hamidi dan Pak Yanto akan ke bandar udara untuk menjemputnya.
빡 하미디 단 빡 얀또 아깐 끄 반다르 우다라 운뚝 믄즘뿟냐

Kim Su-min: Hotel sudah dipesan untuk mereka?
호뗄 수다 디쁘산 운뚝 므레까

Sekretaris: Ya, sudah. Kami memesan dua kamar hotel Hilton untuk tiga hari duamalam.
야 수다 까미 므므산 두아 까마르 호뗄 힐톤 운뚝 띠가 하리 두아말람

Kim Su-min: Besok siapa yang mengantar mereka ke kantor dan pabrik kit?
베속 시아빠 양 믕안따르 므레까 끄 깐또르 단 빠브릭 끼따

Sekretaris: Pak Yanto akan mengantar mereka selama mereka ada di Jakarta.
빡 얀또 아깐 믕안따르 므레까 슬라마 므레까 아다 디 자까르따

Kosakata

yang ~한(것) (관계대명사)
menjemput 마중하다, 데려오다
bandar udara 공항
memesan 예약하다
dipesan 예약되다
hotel 호텔
mengantar 배웅하다, 데려다 주다
selama ~동안, ~하는 동안

김수민 : 누가 오늘 밤에 한국에서 오시는 손님을 마중하나요?

비　서 : 하미디 씨와 얀또 씨가 그들을 마중하러 공항에 갑니다.

김수민 : 호텔은 예약되었나요?

비　서 : 네, 2박 3일 일정으로 힐튼호텔에 방 두개 예약했어요.

김수민 : 내일은 누가 그 분들을 우리 사무실과 공장으로 모셔 오나요?

비　서 : 그분들이 자카르타에 있는 동안 얀또 씨가 모실 겁니다.

Ungkapan

menjemput

'마중하다, 데리러 가다, 데려오다'의 의미로 사용하며, 운전기사의 고용이 일반화되어 있는 인도네시아에서는 자주 사용하게 되는 단어 중 하나이다. 보통 기사에게 지시할 때 사용하므로 Jemput anak dari sekolah. (학교에서 아이를 데려와요) 처럼 활용한다.

mengantar

'배웅하다, 데려다 주다'의 의미이며 활용은 menjemput과 같다.

3 hari 2 malam

2박 3일을 표현한 것으로 hari(일)와 malam(밤)을 사용하여 나타낸다.

Tata Bahasa

허가를 나타내는 조동사 **boleh**

1. '~ 해도 좋다', '~해도 된다'의 뜻이며 동사 앞에 위치한다.
   Anda boleh pulang sekarang. 당신은 지금 퇴근해도 좋습니다.
2. 조동사 앞에 tidak을 써서 부정한다.
   Anda tidak boleh merokok di dalam kantor. 당신은 사무실 안에서 담배를 피우면 안 된다.
3. Bolehkah saya ~ 형태의 의문문으로 상대방의 허락을 구한다.
   Bolehkah saya bertanya? 질문을 해도 됩니까?

의무를 나타내는 조동사 **harus**

1. '~ 해야만 한다'의 뜻이며 동사 앞에 위치한다.
   Kalian harus bekerja dengan keras. 너희들은 열심히 일해야 한다.
2. 조동사 앞에 tidak을 써서 부정한다.
   Anda tidak harus menghadiri pesta itu. 당신은 꼭 그 파티에 참석해야 하는 것은 아니다.

Mengenal Indonesia | 로스맨 Losmen

로스맨은 배낭족과 경제적 여행을 추구하는 여행객들이 선호하는 숙박시설이다. 규모가 크지 않은 모텔 수준의 숙박시설이지만 호텔에 준하는 시설을 갖춘 로스맨도 많다. 자카르타를 비롯하여 족자카르타나 발리 같은 유명한 관광지에서 로스맨을 찾는 것은 어려운 일이 아니다. 특히 저렴하고 시설이 좋은 로스맨들이 밀집한 자카르타 중심부의 작사 거리(Jl. Jaksa)는 로스맨 거리를 형성하고 있다. 교통의 요지이며 근처에 식당, 쇼핑센타, 박물관을 비롯한 유명 관광지들이 많이 있기 때문에 작사 거리는 항상 배낭을 멘 서양인들로 붐빈다.

Obyek wisata di Pulau Bali

발리의 관광지

 | 발리는 자연과 힌두문화가 조화를 이루는 인도네시아 최대 휴양지이자 관광명소이다.

Sawah di Jawa Tengah
보로부두르 사원으로 가는 길에 있는 한 식당의 주위를 둘러싸고 있는 논

BAGIAN 7

19 인도네시아 음식 먹어 봤어요?
20 자리를 예약하고 싶어요
21 손님이 한 명 더 올 거예요
22 저기요, 주문할 께요
23 계산서 주세요

인도네시아 음식 먹어 봤어요?
Anda pernah makan makanan Indonesia?
안다 쁘르나 마깐 마까난 인도네시아

19 Pelajaran

음식의 맛을 표현하는 어휘에 대한 학습과 '소원'을 나타내는 조동사 ingin과 mau의 활용에 대한 학습을 한다.

percakapan

Kim Su-min: Bagaimana kalau kita makan malam bersama?
바가이마나 깔라우 끼따 마깐 말람 브르사마

Dodi: Boleh.
볼레

Kim Su-min: Mau makan apa? Pak Dodi suka makanan apa?
마우 마깐 아빠 빡 도디 수까 마까난 아빠

Dodi: Saya suka makanan apa saja. Pak Kim sudah pernah makan makanan Indonesia?
사야 수까 마까난 아빠 사자 빡 김 수다 쁘르나 마깐 마까난 인도네시아

Kim Su-min: Belum. Saya belum pernah mencobanya. Apa yang enak?
블룸 사야 블룸 쁘르나 믄쪼바냐 아빠 양 에낙

Dodi: Yang enak banyak tapi banyak orang asing suka makan nasi goreng.
양 에낙 바냑 따삐 바냑 오랑 아싱 수까 마간 나시 고렝

Kim Su-min: Oh, ya? Itu pedas? Saya tidak kuat makan makanan pedas.
오 야 이뚜 쁘다스 사야 띠닥 꾸앗 마깐 마까난 쁘다스

Dodi: Tidak. Coba dulu apakah cocok atau tidak.
띠닥 쪼바 둘루 아빠까 쪼쪽 아따우 띠닥

Kosakata

pernah ~한 적이 있다
makanan 음식
mencoba 시도하다
enak 맛있는
orang asing 외국인
nasi goreng 볶음밥
cocok 어울리는, 맞는
pedas 맵다
manis 달다
asin 짜다
pahit 쓰다
asam 시다

김수민 : 저녁 같이 하는게 어때요?

도 디 : 좋아요

김수민 : 뭐 먹을까요? 도디 씨는 무슨 음식 좋아해요?

도 디 : 저는 뭐든 다 잘 먹어요. 김수민 씨, 인도네시아 음식 먹어봤어요?

김수민 : 아직요. 아직 못 먹어 봤어요. 뭐가 맛있나요?

도 디 : 맛있는 거야 많죠. 그런데 외국인들은 볶음밥을 좋아해요.

김수민 : 그래요? 매운가요? 나는 매운 걸 잘 못 먹어요.

도 디 : 아니요. 입에 맞는지 한번 먹어 보세요.

Ungkapan

bagaimana kalau~

상대방에게 뭔가 제안을 할 때 사용하는 표현이다. 만약, 친구에게 내일 만나자고 제안을 한다면, Bagaimana kalau kita bertemu besok? 이라고 하면 된다.

mau makan apa?

무엇을 먹겠냐고 물을 때 사용하는 표현으로, 상대방의 이름을 먼저 부르고 나서 mau makan apa? 하고 물으면 더 자연스럽다. 음료수를 물어 볼 때는 Mau minum apa?라고 한다.

Saya belum pernah mencobanya.

'나는 아직 그것을 먹어 본 적이 없어요'의 의미인데, '~을 시도하다'의 뜻을 가진 mencoba가 '먹어보다' 의 의미로 사용될 수 있다.

tidak kuat ~

'~를 잘 견디지 못하다', '~에 약하다'의 의미로 구어체 표현이다. Saya tidak bisa makan makanan pedas.라고 말할 수도 있지만 Saya tidak kuat makan makanan pedas.가 더 자연스럽다.

Tata Bahasa

소원을 나타내는 조동사 **ingin, mau**

1. '~하고 싶다'의 뜻이며 동사 앞에 위치한다.
   Anak saya ingin menjadi guru. 내 아이는 선생님이 되고 싶어한다.
   Dia mau bertemu dengan pacarnya. 그는 애인을 만나고 싶어한다.

2. 조동사 앞에 tidak을 써서 부정한다.
   Gadis itu tidak ingin berpisah dengan pacarnya.
   그 아가씨는 애인과 이별하고 싶지 않다.
   Saudaranya tidak mau pulang ke kampung.
   그의 사촌은 고향에 가고 싶지 않다.

3. mau는 '~ 하고 싶다' 외에 '~하려고 하다'의 의미로도 사용된다.
   Anda mau pergi ke mana? 어디 가세요?
   Saya mau pergi ke gereja. 교회에 가려고요.

Mengenal Indonesia

| 인도네시아 사람들은 손으로 식사해요.
Orang Indonesia makan dengan tangan.

인도네시아 사람들은 수저를 사용하지 않고 손으로 식사를 한다. 우리도 손맛이 들어가야 음식이 맛있다고 말하듯이 그네들도 손으로 밥을 먹어야 더 맛있다고 한다. 그러므로 가정집 주방이나 식당 내부에 세면대가 설치되어 있는 것은 자연스러운 모습이다. 또한 인도네시아식당에 가면 레몬을 띄운 물그릇이 나오는데, 이것은 마시는 용도가 아니라 식사 중간에 음식물이 묻은 손을 헹구는 용도의 물이다. 보통 새끼 손가락을 제외한 네 손가락을 사용해서 식사를 한다. 요즘은 어느 식당을 가더라도 냅킨으로 싼 숟가락과 포크를 제공하며, 혹시 없다면 종업원에게 'Minta sendok dan garpu (숟가락과 포크주세요)' 라고 말하면 가져다 준다. 숟가락은 음식을 떠 먹는 기능 외에 음식을 자르는 역할도 한다. 식사가 다 끝나면 숟가락과 포크를 엇갈리게 하여 접시에 얹어 놓는다.

Sekilas Indonesia

손으로 음식을 먹는 인도네시아인들의 식탁에는 항상 손 닦는 물이 함께 나온다.
백화점 푸드 코트에는 손 씻는 코너를 별도로 마련해 놓고 있다.

Lebih enak makan dengan tangan!

손으로 먹어야 제 맛이죠!

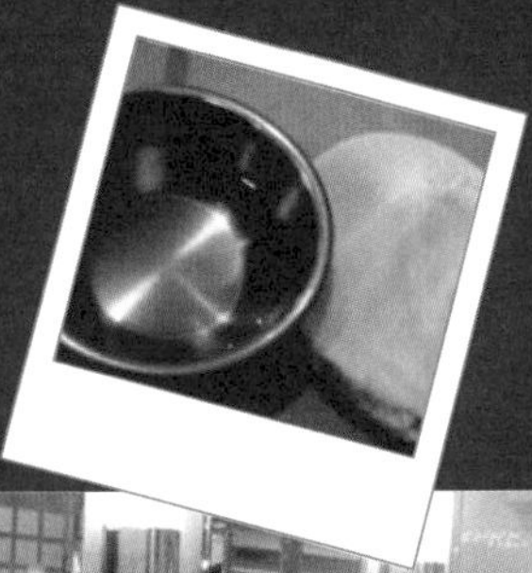

자리를 예약하고 싶어요

Saya mau memesan tempat duduk
사야 마우 므므산 뜸빳 두둑

20 Pelajaran

식당예약을 할 때 사용할 수 있는 표현에 대해 학습하고 '필요'를 나타내는 조동사 perlu **와** usah**에 대해 학습한다.**

percakapan

Pelayan: Selamat sore, Rumah makan Pulau Seribu.
슬라맛 소레 루마 마깐 뿔라우 스리부

Dodi: Selamat sore. Saya mau memesan tempat duduk untuk malam.
슬라맛 소레 사야 마우 므므산 뜸빳 두둑 운뚝 말람

Pelayan: Untuk berapa orang, Pak?
운뚝 브라빠 오랑 빡

Dodi: Dua orang saja.
두아 오랑 사자

Pelayan: Untuk jam berapa?
운뚝 잠 브라빠

Dodi: Pukul tujuh malam.
뿌꿀 뚜주 말람

Pelayan: Atas nama siapa?
아따스 나마 시아빠

Dodi: Dodi Kusmo.
도디 꾸스모

Pelayan: Saya ulangi, untuk makan malam pada pukul tujuh malam ini untuk
사야 울랑이 운뚝 마깐 말람 빠다 뿌꿀 뚜주 말람 이니 운뚝
dua orang atas nama Pak Dodi Kusmo. Betulkah, Pak?
두아 오랑 아따스 나마 빡 또디 꾸스모 브뚤까 빡

Dodi: Betul, terima kasih.
브뚤 뜨리마 까시

Pelayan: Sama-sama. Selamat siang.
사마-사마 슬라맛 시앙

Kosakata

memesan 예약하다
tempat 장소, 곳
duduk 앉다
tempat duduk 좌석
rumah makan 식당
atas nama ~의 이름으로
ulangi(mengulangi) 반복하다
betul 맞다
betulkah 맞습니까?

종업원 : 안녕하세요, 쁠라우 스리부 레스토랑입니다.

도 디 : 안녕하세요. 저녁에 좌석을 예약하려고 하는데요.

종업원 : 몇 분이세요?

도 디 : 두 명이요.

종업원 : 몇 시에 예약하시겠습니까?

도 디 : 저녁 7시요.

종업원 : 어느 분 성함으로 예약해 드릴까요?

도 디 : 도디 꾸스모요.

종업원 : 다시 확인하겠습니다. 도디 꾸스모 씨가 오늘 저녁 7시 두분 좌석 예약하셨습니다. 맞지요?

도 디 : 네, 감사합니다.

종업원 : 천만예요. 좋은 시간 보내세요.

Ungkapan

memesan

1. 예약하다
   Pak Ali sudah memesan tiket pesawat ke Korea.
   알리 씨는 한국 행 비행기 티켓을 이미 예약했다.
2. 주문하다
   Ibu memesan makanan untuk kami.
   어머니가 우리를 위해 음식을 주문했다.

atas nama siapa?

예약상황에서 예약자의 이름을 물을 때 사용한다.

Tata Bahasa

필요를 나타내는 조동사 **perlu, usah**

1. '~할 필요 있다'의 뜻으로 동사 앞에 위치한다.
   Mereka perlu dibantu. 그들은 도움을 받을 필요가 있다.

2. 조동사 앞에 tidak을 두어 부정한다.
   Anda tidak perlu mencari buku itu. 당신은 그 책을 찾을 필요없다.
   Hari ini kami tidak usah bangun pagi-pagi. 오늘 우리는 일찍 일어 날 필요없다.

3. usah는 부정형에서만 사용된다.
   Tidak usah! 필요없어요!

Mengenal Indonesia | 노점상인 Pedagang kaki lima

인도네시아 거리 어디를 가더라도 항상 볼 수 있는 풍경은 작은 수레를 끌고 다니며 먹거리를 파는 노점상일 것이다. 이른 아침 부부르 아얌(bubur ayam)이라고 부르는 닭죽을 어깨에 매고 다니며 파는 상인과 빵 장사를 시작으로 찬거리, 국수, 아이스크림, 닭꼬치, 볶음밥 등을 파는 상인들이 늦은 밤까지 끊임 없이 대로변과 동네 곳곳을 누비며 장사를 한다. 이들은 조리기구와 음식 재료 이외에 접시와 수저까지 가지고 다니며 손님이 식사를 마치고 빈 그릇을 돌려 줄 때를 기다렸다가 설거지까지 마치고 자리를 뜬다. 비위생적이기는 하지만 가격이 싸고 무엇보다도 쉽게 접할 수 있기 때문에 인도네시아 사람들은 쁘다강 까끼리마 (Pedagang kaki lima)를 자주 이용한다.

Pedagang kaki lima

노점상인

Sekilas Indonesia | 노점에서는 과일, 음료, 음식등 다양한 먹거리를 저렴하고 편리하게 즐길 수 있다.

손님이 한 명 더 올거예요
Kami menunggu seorang tamu lagi
까미 므능구 스오랑 따무 라기

21
Pelajaran

식당에서 사용할 수 있는 회화적 표현을 익히고, 수량사의 종류와 활용에 대해 학습한다.

percakapan

Pelayan: Mau pesan sekarang, Bapak?
마우 쁘산 스까랑 바빡

Dodi: Sebentar, kami menunggu seorang tamu lagi.
스븐따르 까미 므능구 스오랑 따무 라기

Pelayan: Oh, ya? kalau perlu, panggil saja.
오 야 깔라우 쁘를루 빵길 사자

Kim Su-min: Restoran ini kelihatan bagus.
레스토란 이니 끌리하딴 바구스

Dodi: Tentu saja. Restoran ini terkenal.
뜬뚜 사자 레스토란 이니 뜨르끄날

Kim Su-min: Pak Dodi sering makan di restoran ini?
빡 도디 스링 마깐 디 레스또란 이니

Dodi: Kalau ingin makan nasi goreng yang enak,
깔라우 잉인 마깐 나시 고렝 양 에낙
saya mengunjungi restoran ini.
사야 믕운중이 레스또란 이니

Kosakata

menunggu 기다리다
seorang 한명
lagi 더, 또, 다시
sebentar 잠깐만
perlu 필요하다, 할 필요가 있다
panggil 호출하다
terkenal 유명한
sering 종종, 자주
ingin 원하다, 바라다
mengunjungi 방문하다

종업원 : 지금 주문하시겠습니까?

도　디 : 잠깐만요, 손님이 한 명 더 올 거예요.

종업원 : 그러세요? 필요하면 부르세요.

김수민 : 이 식당은 좋아 보이네요.

도　디 : 물론이지요. 이 식당은 유명해요.

김수민 : 도디 씨는 자주 이 식당에서 식사하세요?

도　디 : 맛있는 볶음밥을 먹고 싶으면 이 식당에 와요.

Ungkapan

mau pesan?

'주문하시겠어요?' 의 뜻으로 Mau pesan apa?(무엇을 주문하시겠어요?), Mau pesan sekarang? (지금 주문하시겠어요?) 등으로 활용된다.

sebentar

'잠시', '잠깐' 의 뜻이며 '잠깐만 기다려주세요' 의 의미로도 사용된다. 대개, '기다리다' 의 뜻을 가진 tunggu와 함께 사용된다.

tentu saja.

당연함을 표현할 때 사용한다. '물론이다' 의 뜻이며 memang과 동의어이다.

Tata Bahasa

수량사

orang(~인, ~명) : 사람을 셈
5 orang pria tinggal di rumah ini. 다섯 명의 남자가 이 집에 산다.

ekor(~마리) : 동물을 셈
Kami memelihara 2 ekor anjing. 우리는 두 마리의 강아지를 키운다.

buah(~개) : 일반 물건을 셈
Pak Sato menjual sebuah mobil. 사또 씨는 자동차 한 대를 팔았다.

batang(~그루, ~대) : 나무나, 담배, 연필 등 막대형 물건을 셈
Ada 3 batang pohon pisang di kebun. 세 그루의 바나나나무가 정원에 있다.

helai(~장) : 종이, 옷 등 부드러운 물체를 셈
Dia mencuci 5 helai pakaian. 그는 다섯 벌의 옷을 세탁한다.

butir(~알) : 계란 등 둥근 물체를 셈
Minta 30 butir telur. 계란 서른 알 주세요.

pasang(~켤레, ~쌍) : 쌍을 이루는 물건을 셈
Adik membawa dua pasang sepatu olahraga. 동생은 두 켤레의 운동화를 가지고 왔다.

Mengenal Indonesia | 빠당음식 전문점 Rumah makan Padang

인도네시아를 구성하는 수 많은 종족들은 각각 저마다의 독특한 음식문화를 가지고 있다. 그 중에서 수마트라에서 발달된 빠당음식은 맛 이외에 독특하고 재미있는 상차림으로 유명하다. 이 음식은 보통 Rumah makan Padang이라는 간판을 걸고 수마트라 전통 가옥을 그려 넣은 진열장에 10~15가지의 음식을 접시에 담아 높게 쌓아 놓은 빠당음식 전문점에서만 맛 볼 수 있다. 이곳에 들어서면 주문을 하지 않아도 다양한 방법으로 조리된 고기, 생선, 채소, 내장, 달걀 요리가 작은 접시에 담겨 한 상 가득 차려진다. 식사를 마치고 나면 종업원은 손님이 손을 댄 음식들의 가격을 계산하여 청구한다. 빠당음식 전문점은 인도네시아 어느 곳을 가도 볼 수 있을 만큼 이미 대중화되었다. 매운 맛이 강한 빠당 음식은 한국인의 입맛에도 잘 맞는다.

Makanan Indonesia

인도네시아 음식

저기요, 주문할께요 Mbak, kami mau pesan
마스 까미 마우 쁘산

22
Pelajaran

음식을 주문할 때 사용할 수 있는 유용한 표현과 장소지시대명사의 종류와 활용에 대해 학습한다.

percakapan

Dodi: Mbak, kami mau pesan.
음박 까미 마우 쁘산

Pelayan: Tunggu sebentar, Bapak. Saya segera ke sana.
뚱구 스븐따라 바빡 사야 스그라 끄 사나

--- Sesaat kemudian ---
스사앗 끄므디안

Pelayan: Mau pesan apa?
마우 쁘산 아빠

Dodi: Kami mau pesan dua piring nasi goreng spesial.
까미 마우 쁘산 두아 삐링 나시 고렝 스페시알

Pelayan: Minumannya apa?
미누만냐 아빠

Dodi : Satu gelas teh tawar dan satu botol bir Bintang.
사뚜 글라스 떼 따와르 단 사뚜 보똘 비르 빈땅

Pelayan: Ada lagi?
아다 라기

Dodi: Tidak, itu saja.
띠닥 이뚜 사자

Kosakata

mbak 아가씨,
segera 곧, 즉시
sana 거기
situ 저기
sini 여기

piring 접시
sepesial 특별한
minuman 음료수
gelas 유리컵
teh 차

tawar 맛을 가지지 않은
botol 병
bir 맥주
bintang 별

도　디 : 저기요, 주문할께요.

종업원 : 잠시만요, 손님. 곧 가겠습니다.

--- 잠시 후 ---

종업원 : 무엇을 주문하시겠어요?

도　디 : 특선 볶음밥 둘 주세요.

종업원 : 음료수는 무엇으로 하시겠어요?

도　디 : 설탕을 넣지 않은 차 한 잔과 빈땅 맥주 한 병 주세요.

종업원 : 더 필요하신 게 있습니까?

도　디 : 아니요, 그거면 돼요.

Ungkapan

2 piring nasi goreng sepesial

인도네시아에서는 접시에 식사를 하기 때문에 piring이 음식을 세는 수량 사가 된다. 그러므로 minta +수량+piring+음식 명을 사용하여 음식을 주문할 수 있다.

1 gelas, 1 botol

음료수를 주문할 때 숫자만 사용해서 말해도 되지만, 유리컵에 제공되는 음료는 gelas, 병은 botol, 커피 잔은 cangkir, 캔음료는 kaleng을 사용한다.

ada lagi?

직역하면 '더 있어요?'의 뜻으로 더 주문할 게 있는 지를 묻는 표현이다. 그러므로, 주문할 게 없으면 tidak(아니요)이나 itu saja(그거면 돼요), 또는 sudah cukup(충분해요)으로 대응하면 된다.

Tata Bahasa

장소 지시 대명사

보통 전치사 di, ke, dari와 결합하여 쓰인다.

sini 여기-화자가 있는 곳
Ruamah saya dekat dari sini.
우리 집은 여기에서 가깝다
Budi, coba ke sini.
부디야, 이리좀 와라.

situ 저기-화자로부터 멀고 청자에게 가까운 곳
Ibumu ada di situ. 너의 어머니가 저기 계신다.
Tadi mereka dari situ. 방금 그들이 저 쪽에서 오던데.

sana 거기-화자와 청자 모두에게서 먼 곳
Saya sudah mengirim orang ke sana. 나는 거기로 사람을 보냈다.
Mungkin mereka bercakap-cakap di sana. 아마 그들은 거기서 얘기하고 있을거야.

Mengenal Indonesia | 물 Air

인도네시아의 물 사정은 좋지 못한 편이다. 물에 석회성분이 많아 지하수나 수돗물은 절대 그냥 마시면 안 된다. 반드시 끓여 먹거나 생수를 사서 먹어야 한다. 사정이 이렇다 보니 물 인심이 좋을 리가 없다. 마실 물을 공짜로 제공하는 식당은 한국식당을 제외하고는 없다. 그러므로 어느 식당에서든지 식사와 함께 음료수도 주문을 해야 한다. 음료수를 주문하는 상황이 아닌 다른 곳에서 'Minta air (물 주세요)' 라고 만 하면 상대방은 물의 용도나 종류를 묻는 질문을 다시 하는 경우가 있다. 그러므로, 처음부터 시판되는 생수의 제품이름을 말하거나 아니면, 'air minum' 또는 'air putih' 라고 분명하게 말하는 것이 좋다.

쁘람바난 사원 입구에서 전통의상을 입은 할머니가 관광객들에게 밥과 반찬을 팔고 있다.

Pedagang keliling

행상인

계산서 주세요 Minta bon
민따 본

23
Pelajaran

형용사의 비교급에 대한 학습을 통해 두 사물 또는 상황의 성질이나 상태를 비교할 수 있다.

percakapan

Dodi: Bagaimana rasa nasi goreng ini, Pak Kim?
바가이마나 라사 나시 고렝 이니 빡 김

Kim Su-min: Enak sekali. Tetapi bir Indonesia lebih pahit daripada bir Korea.
에낙 스깔리 뜨따삐 비르 인도네시아 르미 빠힛 다리빠다 비르 꼬레아

Dodi : Begitu? Bir ini paling terkenal di Indonesia.
브기뚜 비르 이니 빨링 뜨르끄날 디 인도네시아

Pak Kim sudah selesai makan?
빡 낌 수다 슬르사이 마깐

Kim Su-min: Ya, sudah.
야 수다

Dodi: Mbak, minta bonnya.
음박 민따 본

Pelayan: Ya, Bapak. Ini bonnya.
야 바빡 이니 본냐

Kosakata

bon 계산서
rasa 맛
paling 가장, 최고로
selesai 끝나다
daging 육류
daging sapi 소고기
daging babi 돼지고기
daging ayam 닭고기
daging kambing 염소고기
ikan 생선
udang 새우
kepiting 게
sayur-sayuran 채소
ketimun 오이
tomat 토마토
telur 달걀
garam 소금
gula 설탕
lada 후추
nasi 밥
sup 국
mi 국수
roti 빵
rebus 삶다
didih 끓이다
bakar 숯불에 굽다
pangang 오븐에 굽다
kukus 찌다
goreng 튀기다
tumis 볶다

도　디 : 김수민 씨, 볶음밥 맛이 어때요?

김수민 : 매우 맛있어요. 그런데 인도네시아 맥주는 한국 맥주보다 맛이 쓰네요.

도　디 : 그래요? 이 맥주가 인도네시아에서 가장 유명한 맥주예요.
김수민 씨, 식사 끝났어요?

김수민 : 네, 끝났어요.

도　디 : 여기 계산서주세요.

종업원 : 네, 손님. 계산서입니다.

Ungkapan

bagaimana rasa~?

음식의 맛이 어떤지를 묻는 표현이다. Bagaimana rasanya?(맛이 어때요?) 또는 Bagaimana rasa+음식명? (~음식 맛이 어때요?)으로 활용한다.

minta bon

인도네시아의 거의 모든 식당에서는 식사 후 앉은 자리에서 계산을 한다. 따라서, 식사가 끝나면 손님은 minta bon(계산서주세요)이라고 종업원에게 말하면 된다.

ini bonnya

계산서를 손님에게 전달하면서 종업원은 '계산서 여기 있습니다'의 의미로 ini bonnya라고 말한다. 무언가를 상대방에게 줄 때 ini와 nya 사이에 전해주는 물건 명을 넣어 '~여기 있습니다'라고 표현한다. 돈을 줄 때는 Ini uangnya(여기 돈이요)라고 말하면 된다.

Tata Bahasa

형용사의 비교급

A lebih+형용사+daripada B : A가 B보다 더 ~하다
Kakak lebih pintar daripada adik.
형이 동생보다 더 똑똑하다.
Mobil merah ini lebih mahal daripada mobil biru itu.
이 빨간 자동차가 저 파란 자동차보다 더 비싸다.

A jauh lebih+형용사+daripada B : A가 B보다 훨씬 더 ~하다
Barang buatan Korea jauh lebih mahal daripada barang buatan Cina.
한국제품이 중국제품보다 훨씬 더 비싸다.

A kurang+형용사+daripada B : A가 B보다 덜 ~하다
Gedung ini kurang tinggi daripada gunung.
그 건물은 산보다 덜 높다.
Pria kurang halus daripada wanita.
남성은 여성보다 덜 부드럽다.

Mengenal Indonesia | 차 teh

인도네시아인들은 차를 즐겨 마신다. 이들이 주로 마시는 차는 떼 히땀(teh hitam)으로 홍차 종류이다. 수질이 좋지 않기 때문에 일반적으로 물을 끓여 먹는데, 이 때 차 잎을 넣어 우려 먹는다. 커다란 주전자에 물을 끓이다가 차 잎을 한 움큼 넣어 우려두고 식사 때나 손님접대 시에 사용한다. 설탕을 넣지 않고 마시는 차를 떼 따와르(teh tawar)라고 하고 설탕을 듬뿍 넣어 달게 마시는 차를 떼 마니스(teh manis)라고 한다. 따뜻하게 마시는 차를 떼 빠나스(teh panas)라고 하고 얼음을 넣어 차게 마시는 차는 떼 딩인(teh dingin) 또는 에스 떼(es teh)라고 한다.

인도네시아는 차 생산 세계 제7위로 주요 차 수출 국가다. 열대지방이긴 하지만 부속 큰 섬들의 고산지대는 차를 재배하기 좋은 기후 조건을 갖추고 있기 때문에 일찍부터 대규모 차 경작지가 들어섰고 세계적인 차 생산지로서의 명성도 얻고 있다. 그리고 최근엔 도시인들의 웰빙 휴양지로서도 각광을 받아 유명 차 밭은 국내외 관광객들로 붐빈다.

차밭과 차 공장은 학생들의 견학코스이자 일반인들의 관광코스. 차 공장외에 까페 및 숙박시설을 구비한 휴양지로 운영된다.

Kebun Gunung Mas

구능마스 차밭과 공장

Buah-buahan yang dijual di toko swalayan
슈퍼마켓에 진열되어 있는 여러 가지 과일들

HERO
Promos
2225
MG HARUMMANIS WIJAYA /100
HERO
2595
HERO
HERO
1375-

BAGIAN 8

설탕도 없어요 Gula juga habis
굴라 주가 하비스

24 Pelajaran

생필품 구입과 관련이 있는 표현들을 익히고, 관계대명사 yang의 기능과 사용에 대해 학습한다.

percakapan

Nyonya Kim: Saya mau berbelanja. Ada yang perlu dibeli?
사야 마우 브르블란자 아다 양 쁘를루 디블리

Tuti: Ada banyak, Nyonya.
아다 바냑 뇨냐

Nyonya Kim: Apa saja?
아빠 사자

Tuti: Beras, minyak goreng, buah-buahan, sabun, dan pasta gigi sudah habis.
브라스 미냑 고렝 부아-부아한 사분 단 빠스따 기기 수다 하비스

Nyonya Kim: Tidak ada lagi?
띠닥 아다 라기

Tuti: Ya, tidak ada, Nyonya.
야 띠닥 아다 뇨냐

Nyonya Kim: Gula masih ada?
굴라 마시 아다

Tuti: Iya, saya lupa. Gula juga habis.
이야 사야 루빠 굴라 주가 하비스

Nyonya Kim: Coba tulis di kertas supaya barang yang mau dibeli tidak lupa.
쪼바 뚤리스 디 끄르따스 수빠야 바랑 양 마우 디블리 띠닥 루빠

Kosakata

gula 설탕
habis 끝나다, 쓰고 없다
membeli 구입하다
dibeli 구입되다
nyonya 부인

beras 쌀
minyak goreng 식용유
buah-buahan 과일
sabun 비누
pasta gigi 치약

masih 아직~이다
iya 네
tulis(menulis) 쓰다
barang 물건
lupa 잊다

뇨냐 김 : 나 장보러 가는데, 살 게 있니?

뚜 띠 : 많이 있어요, 아주머니.

뇨냐 김 : 뭔데?

뚜 띠 : 쌀, 식용유, 과일, 비누, 치약이 다 떨어졌어요.

뇨냐 김 : 더 없니?

뚜 띠 : 없어요, 아주머니.

뇨냐 김 : 설탕은 아직 있니?

뚜 띠 : 맞아요. 설탕도 없다는 것을 잊었어요.

뇨냐 김 : 물건을 잊지 않고 사올 수 있도록 종이에 적어봐라.

Ungkapan

saya mau berbelanja

berbelanja는 '쇼핑하다, 장보다, 물건을 사다'의 의미로 다양하게 사용된다. '~하려고 하다'의 뜻인 mau와 결합하여 '쇼핑을 하려고 하다'나 '장보려고 하다'의 의미로 일상회화에서 많이 쓰이는 표현이다.

sudah habis

보고 있던 영화가 끝나거나, 읽던 책을 다 읽었거나, 수업이 끝났거나, 먹던 과자가 바닥을 보일 때 쓸 수 있는 표현이다. 회화에서 '그 후에'를 표현할 때 habis itu라고 말한다.

supaya

untuk과 동의어이지만 supaya 뒤에는 절만 올 수 있다. 그러므로 '~하도록' 또는 '~하기 위해'라고 해석한다.

Tata Bahasa

관계대명사 yang

인도네시아어에서 관계대명사는 **yang** 하나뿐이며 형태변화도 없다. yang 뒤의 절이 yang 앞의 선행사를 수식한다.

Saya menonton film. 나는 영화를 본다.
Film itu menarik. 그 영화는 재미있다.
→ Saya menonton film yang menarik. 나는 재미있는 영화를 본다.

선행사없는 yang은 '~한 사람', '~한 것'으로 해석한다.

Yang berdiri di jalan raya itu adalah polisi.
큰 길에 서 있는 사람은 경찰관이다.
Yang ada di atas meja itu bukan punya saya.
책상 위에 있는 것은 내 것이 아니다.
Yang mana mobil baru anda?
어느 것이 당신의 새 자동차입니까?

Mengenal Indonesia | 커피 Kopi

네덜란드인들은 예멘에서 몰래 반출한 커피종자와 인도에서 가져온 종자를 교배해 식민지인 인도네시아 자바 섬에 커피 묘목을 심고 그 후 70년 동안 인도네시아에서 플랜테이션 농업으로 커피를 생산했다. 건기와 우기가 뚜렷한 인도네시아의 기후는 커피가 자라는데 최상의 환경이다. 인도네시아 커피는 특유의 건조방식으로 다른 곳의 커피에 비해 색이 짙은 것이 특징인데 인도네시아에서는 커피의 쓴 맛을 줄이고 맛을 풍부하게 하기 위해 여러 해 동안 원두를 숙성시키기도 한다. 인도네시아 원두는 오래될수록 신맛이 사라지고 단맛이 증가한다고 한다. 인도네시아에서 생산되는 커피 중 자바커피, 수마트라 커피, 발리 커피가 유명하다. 인도네시아의 대도시 곳곳에서 스타벅스나 커피빈 같은 다국적 커피전문점을 쉽게 볼 수 있지만 인도네시아인들이 즐기는 커피는 와룽(warung 소규모 식당이나 가게) 같은 곳에서 파는 인도네시아식 커피이다. 커피잔 대신 유리컵을 사용하고, 원두가루를 거르지 않은 채 설탕과 함께 컵에 넣고 뜨거운 물을 부어 잘 저은 다음 원두가루가 컵 바닥에 가라 앉으면 표면에 떠있는 원두가루를 입으로 불어 밀면서 마신다.

Buruh-buruh di perkebunan teh

차잎 따는 사람들

Sekilas Indonesia | 차밭 주변 지역주민 대다수가 차잎을 따는 일로 생계를 유지한다.

산타시장에 잠깐 들러요
Tolong mampir sebentar di pasar Santa
똘롱 맘삐르 스븐따르 디 빠사르 산따

25 Pelajaran

운전기사에게 행선지를 말할 때 사용하는 표현들을 익히고 문장연결에 사용되는 등의 접속사의 종류와 사용에 대해 학습한다.

percakapan

Sopir: Mau ke mana, Nyonya?
마우 끄 마나 뇨냐

Nyonya Kim: Ke Senayan Plaza. Tapi tolong mampir sebentar di pasar Santa.
끄 스나얀 플라자 따삐 똘롱 맘삐르 스븐따르 디 빠사르 산따

Saya ingin membeli buah-buahan.
사야 잉인 믐블리 부아-부아한

Sopir: Dari pasar Santa langsung ke Senayan Plaza?
다리 빠사르 산따 랑숭 끄 스나얀 플라자

Nyonya Kim: Saya hampir lupa. Kita harus menjemput nyonya Lee di
사야 함삐르 루빠 끼다 하루스 믄즘뿟 뇨냐 리 디

Kemang. Jadi sekarang kita ke pasar Santa dulu lalu ke
끄망 자디 스까랑 끼다 끄 빠사르 산따 둘루 랄루 끄

Kemang kemudian ke Senayan Plaza.
끄망 끄므디안 끄 스나얀 플라자

Sopir: Ya, Nyonya.
야 뇨냐

Kosakata

mampir (잠깐) 들르다
pasar 시장
ke mana 어디로
langsung 곧바로, 직접
hampir 거의, ~할 뻔하다
jadi 그래서, 그러므로
lalu 그리고나서

기 사 : 사모님, 어디로 모실까요?

뇨냐 김 : 스나얀 플라자로 가요. 그런데 산타시장에 잠깐 들려요. 과일을 사야 해요.

기 사 : 산타시장에서 바로 스나얀플라자로 가나요?

뇨냐 김 : 잊을 뻔 했어요. 끄망에 사는 뇨냐 이를 데리러 가야 해요. 그러니까 산타시장에서 끄망을 갔다가 스나얀 플라자로 가요.

기 사 : 네, 사모님.

Ungkapan

tolong mampir sebentar

mampir는 '잠깐 들어가 머무르다'의 의미로 사용된다. pergi sebentar로 쓸 수도 있겠지만, 상황에 딱 맞는 표현은 아니다. 목적지로 가는 도중에 어디를 들러 가야 할 때 기사에게 Tolong mampir di + 장소라고 말한다.

buah-buahan

'여러 종류의 과일'을 뜻하는 집합 명사에 해당한다. 한국어에서 '과일을 좋아한다', '과일이 몸에 좋다'라고 말 할 때의 과일에 해당한다. 회화에서 한 종류의 과일을 지칭할 때는 buah만을 쓰고, buah semangka(수박)처럼, 과일이름 앞에 buah를 함께 쓰기도 한다.

hampir

'거의' 또는 '~할 뻔하다'의 의미로 사용된다. Kereta api dari Surabaya hampir tiba.는 '수라바야에서 오는 기차는 거의 도착했습니다'의 뜻인 반면 Saya hampir terjatuh dari tangga.는 '나는 계단에서 떨어질 뻔 했다'의 뜻이 된다.

Tata Bahasa

등위 접속사

단어, 구, 절 그리고 문장을 연결한다.

dan/serta 그리고

Dia makan roti dan minum susu. 그는 빵을 먹고 우유를 마신다.

Rina serta orang tuanya mengunjungi nenek. 리나와 부모님은 할머니를 방문한다.

tetapi/namun 그러나

Kota ini kecil tetapi ramai. 이 도시는 작지만 번화하다.

Hari ini ada pesta namun mereka tidak datang. 오늘 파티가 있으나 그들은 오지 않았다.

lalu/kemudian 그리고 나서

Saya mandi lalu sarapan. 나는 목욕을 하고 나서 아침을 먹는다.

Anwar marah kemudian pergi. 안와르는 화를 내고 갔다.

jadi/maka/sehingga 그래서, 그러므로

Dia sakit jadi tidak masuk kantor hari ini. 그는 아파서 오늘 결근했다.

Ibu Hani ingin menjadi sehat maka dia berolahraga.

하니부인은 건강해지고 싶어서 운동을 한다.

Saya sibuk sehingg tidak bisa ke kampung. 나는 바빠서 고향에 갈 수 없다.

atau 또는

Pada hari Minggu saya tidur atau menonton TV. 일요일에 나는 잠을 자거나 TV를 본다.

Mengenal Indonesia

| 인도네시아 무슬림 여성의 옷차림
Jilbab

인구의 80% 이상이 이슬람 교도인 인도네시아에서는 이슬람 전통 복장을 한 여성들을 매우 자주 볼 수 있다. 그러나 그들의 옷 차림은 각양 각색이다. 가장 보편적인 옷차림은 일반 옷을 입고 머리에만 질밥(jilbab)이라고 부르는 두건 같은 것을 쓴 모습이다. 무슬림 여성은 자신의 신체를 가족이 아닌 외부인에게는 보이게 해서는 안 된다는 이슬람 규율의 실천인 셈이다. 그러나, 이들도 아름답게 보이고 싶은 욕망을 가진 여자인지라 질밥의 색상이나 모양을 달리하고, 또는 브로치 같은 장신구들을 사용하여 멋을 부린다. 최근에는 무채색의 천 대신에 화려한 색상의 모자형태의 질밥이나 스카프를 착용하는 이들이 많다. 중년의 여성들인 경우에는 몸 전체를 가리는 헐렁한 스타일의 이슬람 전통복장을 다양하게 변형시킨 옷을 입고 질밥을 착용한다.

Sekilas Indonesia | 여성들의 옷차림 만으로도 종교를 알 수 있다. 그러나 여성들의 이슬람식 복장은 의무가 아닌 선택이다.

Pakaian wanita beragama Islam

무슬림여성의 복장

1 킬로그램에 3,000 루피아에요
Harganya tiga ribu rupiah per satu kilo
하르가냐 띠가 리부 루삐아 쁘르 사뚜 낄로

26
Pelajaran

물건의 가격을 묻고 대답하거나, 흥정하는 표현에 대해 학습하며 문장 연결에 사용되는 종속 접속사에 대해 학습한다.

percakapan

Pedagang: Cari apa, Nyonya?
짜리 아빠 뇨냐

Nyonya Kim: Berapa harga mangga harum manis?
브라빠 하르가 망가 하룸 마니스

Pedagang: Harga mangga tiga ribu rupiah untuk satu kilo.
하르가 망가 띠가 리부 루삐아 운뚝 사뚜 낄로

Nyonya Kim: Mahal! Apa harganya naik?
마할 아빠 하르가냐 나익

Pedagang: Ya, sedikit naik. Tapi manis sekali. Saya menjamin rasanya.
야 스디낏 나익 따삐 마니스 스깔리 사야 믄자민 라사냐

Nyonya Kim: Kalau saya beli dengan harga dua ribu lima ratus rupiah boleh, tidak?
깔라우 사야 블리 등안 하르가 두아 리부 리마 라뚜스 루삐아 볼레 띠닥

Pedagang: Tidak boleh. Saya kasih harga dua ribu delapan ratus rupiah untuk satu kilo. Nyonya mau?
띠닥 볼레 사야 까시 하르가 두아 리부 들라빤 라뚜스 루삐아 운뚝 사뚜 낄로 뇨냐 마우

Nyonya Kim: Ya, saya mau lima kilo.
야 사야 마우 리마 낄로

Kosakata

harga 가격
rupiah(Rp.) 루피아 (인도네시아 화폐)
kilo 킬로그램
cari 찾다
mangga 망고
harum 향이 좋은
mahal 비싼
naik 오르다, 타다
menjamin 보장하다
kasih 주다
semangka 수박
papaya 파파야
melon 메론
nanas 파인애플
pisang 바나나
apel 사과
jeruk 귤, 오렌지
kesmak 감

상　인 : 무엇을 찾으세요, 부인?

뇨냐 김 : 망가 하룸 마니스는 얼마예요?

상　인 : 1 킬로그램에 3,000 루피아예요.

뇨냐 김 : 비싸네요. 가격이 올랐나요?

상　인 : 네, 조금 올랐어요. 하지만 매우 달아요. 제가 보장해요.

뇨냐 김 : 2,500 루피아에 주세요.

상　인 : 안돼요. 1 킬로에 2,800 루피아에 드릴께요. 사실래요?

뇨냐 김 : 네, 5 킬로그램 주세요.

Ungkapan

berapa harga?

물건의 가격을 물을 때 사용한다. Harga+물건+berapa? 또는 Berapa harga+물건?으로 활용한다. 물건을 가리키면서 Berapa harganya?라고 해도 된다.

mangga harum manis

망고의 일종으로 겉껍질은 짙은 초록색이며 과육은 노란 색이다. 크기가 큰 편이며, 향이 진하고 매우 달다. 그래서 '달고 향기로운 망고' 라는 이름이 붙여졌다.

kilo

'킬로그램' 을 나타내며 kilogram 또는 kg으로 사용한다. 회화에서는 kilo로 줄여 사용한다.

Tata Bahasa

종속 접속사

kalau 만약 ~라면
Saya ingin membeli rumah besar kalau ada banyak uang.
돈이 많다면 나는 큰 집을 사고 싶다.

Meskipun 비록 ~일지라도
Dia suka menolong orang lain meskipun kurang sehat.
건강하지 못해도 그는 다른 사람을 잘 도와준다.

karena ~때문에
Mereka berasa bahagia karena anaknya berhasil.
그들의 자식이 성공했기 때문에 그들은 행복하다.

agar ~하도록
Wanitu itu berteriak agar semua orang dapat mendengar.
모든 사람들이 들을 수 있도록 그녀는 소리를 질렀다.

seperti ~처럼
Matanya cantik seperti bintang.
그녀의 눈은 별처럼 예쁘다.

☞ 종속절로 문장을 시작할 수 있으며, 이때 종속절과 주절 사이에 쉼표(,)를 사용한다.
Kalau mau ke Blok M, di mana saya naik bus?
블록 엠으로 가려면 어디에서 버스를 탑니까?

Mengenal Indonesia | 재래시장 Pasar tradisional

빠사르(pasar)라 함은 인도네시아의 재래시장을 일컫는 용어이다. 인도네시아 서민들은 주로 재래시장을 이용하는데, 그 곳에는 식료품에서 공구까지 없는 것이 없다. 특히, 자카르타에는 이런 재래 시장을 세분화하여 특정 상품만을 파는 시장이 형성되어 있다. 일반 재래 시장의 형태를 갖춘 곳도 있지만 도로 변에 상가를 형성해 일정 품목만을 팔기도 한다. 과일시장인 빠사르 산타(Pasar Santa), 새 시장인 빠사르 부룽(Pasar burung), 생선시장인 빠사르 이깐(Pasar ikan), 옷감전문시장인 빠사르 따나아방(Pasar tanahabang) 등이 있다.

Pasar tradisional

재래시장

두리안이 제철이라 맛있어요
Durian enak karena sedang musimnya
두리안 에낙 까르나 스당 무심냐

27
Pelajaran

경험을 표현하는 방법에 대해 알아보고, 시간과 관련하여 사용되는 종속 접속사의 활용에 대해 학습한다.

percakapan

Kim Su-min: Apa itu yang di pinggir jalan itu?
아빠 이뚜 양 디 삥기르 잘란 이뚜

Dodi: Itu Durian. Bapak belum pernah memakannya?
이뚜 두리안 바빡 블룸 쁘르나 므마깐냐

Kim Su-min: Belum tapi saya pernah mendengar cerita tentang buah itu.
블룸 따삐 사야 쁘르나 믄등아르 쯔리따 뜬땅 부아 이뚜

Kalau tidak salah, buah itu dianggap sebagai raja buah-buahan.
깔라우 띠닥 살라 부아 이뚜 디앙갑 스바가이 라자 부아-부아한

Dodi: Pak Kim tahu dengan betul.
빡 김 따후 등안 쁘뚤

Saat ini durian enak karena sedang musimnya.
사앗 이니 두리안 에낙 까르나 스당 무심냐

Kim Su-min: Saya ingin mencoba makannya.
사야 잉인 믄쪼바 마깐냐

Dodi: Kalau begitu, mari kita beli buah itu di sana.
깔라우 브기뚜 마리 끼따 블리 부아 이뚜 디 사나

Kim Su-min: Ide bagus. Ayo, mari kita ke sana.
이데 바구스 아요 마리 끼따 끄 사나

Kosakata

durian 두리안
musim 계절
pinggir 가장자리
mendengar 듣다
cerita 이야기
tentang ~에 대한
salah 틀린, 잘못된
dianggap 여겨지다
sebagai ~로서
raja 왕
tahu 알다
betul 옳은, 바른
saat ini 요즘
mari(kita) 우리 다같이 ~하자
ide 생각, 아이디어
ayo 자 (감탄사)

김수민 : 저 길가에 있는 것이 뭐예요?

도 디 : 두리안이예요. 김수민 씨 아직 못 먹어봤어요?

김수민 : 아직이요, 그러나 들어 본적은 있어요. 틀리지 않다면 두리안이 과일의 왕이라고 하던데.

도 디 : 정확하게 알고 계시네요. 요즘 두리안이 제철이라 맛이 있어요.

김수민 : 먹어보고 싶군요.

도 디 : 그렇다면 우리 저기서 사도록 해요.

김수민 : 좋은 생각이예요. 저리로 갑시다.

Ungkapan

belum pernah

경험을 나타낼 때는 sudah pernah+동사로 나타낸다. 부정형은 belum pernah+동사 이다. tidak pernah+동사도 사용 가능하지만 '~한 적이 없다'의 뜻이고, 이때 sama sekali(전혀)를 써서 sama sekali tidak pernah (전혀 ~한 적이 없다)로 사용한다.

sedang musimnya

'제 철이다'의 뜻으로 사용한다.

ayo, mari kita~

화자가 청자에게 어떤 행동을 같이 하자고 권할 때 사용하는 문장형식이다. Ayo, mari kita+동사, Mari kita +동사, Ayo+동사 모두 사용 가능하다.

Tata Bahasa

시간관련 종속 접속사

sesudah, setelah ~한 후

Minumlah obat ini sesudah makan. 식후에 이 약을 드시오.

Dia menonton film bersama dengan keluarganya setelah makan malam.

그는 저녁식사후 가족들과 영화를 본다.

sebelum ~하기 전

Kita harus mencuci tangan sebelum makan. 식사하기전에 우리는 반드시 손을 씻어야 한다.

ketika, waktu ~ 할 때

Kami tidak ada di rumah ketika ayah pulang. 아버지가 집에 오셨을 때 우리는 집에 없었다.

Dia tinggi sekali waktu kecil. 그녀는 어릴 때 키가 매우 컸다.

selama ~는 동안

Istri saya memasak selama saya belajar bahasa Indonesia.

내가 인도네시아어를 공부하는 동안 내 아내는 요리를 한다.

sejak ~한 이래로

Sejak tahun 2000 dia hidup sendiri. 2000년도 이래로 그는 혼자 산다.

sambil ~하면서

Wanita itu suka menari sambil mendengar musik.

그 여자는 음악을 들으면서 춤추는 것을 좋아한다.

Mengenal Indonesia | 열대 과일 Buah-buahan tropis

두리안 (durian)－과일의 왕이라고 불릴 정도로 맛과 영양이 풍부하다. 특유의 냄새 때문에 먹기를 꺼리는 사람도 많다.

람부딴 (rambutan)－당도가 매우 높은 과일로서 과일의 여왕이라고 불린다. 껍질에 머리카락 같은 것이 돋아 있다고 해서 '머리카락'이라는 뜻의 단어 rambut의 파생어가 이 과일의 이름이 되었다.

빠빠야 (papaya)－계절에 상관없이 항상 있는 과일이며 소화를 돕는다. 빠빠야 나뭇잎에는 피를 정화시키는 성분이 있기 때문에 인도네시아 사람들은 그것을 삶아서 먹기도 한다.

살락(salak)－뱀껍질 무늬를 가진 과일이며 껍질을 까면 하얀 알맹이가 들어 있다.

마르키사(markisa)－주황색의 오렌지 크기의 과일로서 일명 개구리알이라고도 한다. 씨까지 다 먹는다.

망가 (mangga)－종류가 매우 많다. 망가하룸마니스(mangga harum manis) 가 가장 달다. 인도네시아 사람들은 망가를 잘라 소금을 찍어 먹기도 한다.

Buah-buahan tropis

열대과일

정찰가입니다 Itu harga pas
이뚜 하르가 빠스

28 Pelajaran

의류구입시 사용할 수 있는 다양한 표현에 대해 학습하고, '소유'와 '사용'을 나타내는 동사화 접사 ber-에 대해 알아본다.

percakapan

Penjual: Bisa saya bantu?
비사 사야 반뚜

Nyonya Kim: Ada kaus untuk pria?
아다 까우스 운뚝 쁘리아

Penjual: Ada. Di sebelah sini. Ibu ingin model apa?
아다 디 스블라 시니 이부 잉인 모델 아빠

Nyonya Kim: Yang berlengan panjang.
양 브를릉안 빤장

Penjual: Ini, Bu. Ada tiga warna, warna putih, warna hitam, dan warna kuning. Ibu mau warna apa?
이니 부 아다 띠가 와르나 와르나 뿌띠 와르나 히땀 단 와르나 꾸닝 이브 마우 와르나 아빠

Nyonya Kim: Saya mau membeli kemeja berwarna putih. Berapa harganya?
사야 마우 믐벌리 끄메자 브르와르나 뿌띠 브라빠 하르가냐

Penjual: Itu serratus ribu rupiah.
이뚜 스라뚜스 리부 루삐아

Nyonya Kim: Boleh didiskon?
볼레 디디스콘

Penjual: Tidak boleh. Itu harga pas. Ibu boleh membayar di kasir.
띠닥 볼레 이뚜 하르가 빠스 이부 볼레 믐바야르 디 까시르

Kosakata

harga pas 정찰가
penjual 상인
membantu 돕다
kaus 티셔츠
pria 남성
sebelah 편, 쪽
model 디자인
berlengan panjang 긴팔의
warna 색상
putih 하얀
hitam 검은
kuning 노란
kemeja 와이셔츠
didiskon 깎아주다
membayar 지불하다
kasir 계산대

점　원 : 무엇을 도와 드릴까요?

뇨냐김 : 남성용 티셔츠 있나요?

점　원 : 이 쪽에 있어요. 어떤 모델을 원하세요?

뇨냐김 : 긴 팔 셔츠요.

점　원 : 여기 있습니다, 부인. 흰색, 검은색, 노란색, 모두 세가지 색상이 있어요. 어떤 색상을 원하세요?

뇨냐김 : 흰색 와이셔츠로 주세요. 얼마지요?

점　원 : 십만 루피아 입니다.

뇨냐김 : 깎아주세요.

점　원 : 안돼요. 정찰가 입니다. 계산대에서 계산하시면 돼요.

Ungkapan

Bisa saya bantu?

'무엇을 도와 드릴까요?' 의 뜻이다 Ada yang bisa saya bantu?도 같은 뜻이다.

berlengan panjang

'긴 소매의' 의 뜻으로 kemaja yang berlengan panjang으로 활용되며, 반팔 셔츠의 경우 kemeja berlengan pendek이라고 표현하면 된다.

warna merah

warna는 '색' 이고 merah는 '빨간' 의 뜻을 가진 형용사이다. 그러므로 warna merah는 '빨간색' 이 된다. 한편 색을 나타내는 형용사 뒤에 tua(늙은)를 결합하여 '짙은' 색을 표현하고 muda(젊은)을 결합하여 '옅은' 색을 표현한다.
warna biru muda(하늘색), warna biru(파란색), warna biru tua(곤색)

boleh didiskon?

'깍아주세요' 를 말할 때는 Boleh didiskon? 뿐 아니라 Boleh dikurangi?, Boleh tawar?를 사용 할 수 있다.

Tata Bahasa

접두사 ber-

1. 명사와 결합하여 **소유하다**의 의미를 나타낸다.
   Pria itu beristri. 그 남자는 아내가 있다.
   Gedung sekolah kami berwarna hijau. 우리 학교 건물은 초록색이다.

2. 탈 것을 나타내는 명사와 결합하여 **~을 타다**의 의미를 나타낸다.
   Mereka bermobil ke Bandung. 그들은 자동차를 타고 반둥에 간다.
   Irena suka bersepada. 이레나는 자전거를 즐겨 탄다.

3. 신체와 관련된 명사와 결합하여 **착용하다**의 의미를 나타낸다.
   Dia berambut pendek dan berkacamata 그는 짧은 머리에 안경을 썼다.
   Wanita berpakaian ungu itu bibi saya. 보라색 옷을 입은 여자는 나의 이모이다.

Mengenal Indonesia

인도네시아 화폐
Mata uang Indonesia

인도네시아 화폐단위는 루피아(rupiah)이고, Rp로 표시한다. 인도네시아 화폐는 크게 지폐와 동전으로 구분되는데, 지폐는 100,000, 50,000, 20,000, 10,000, 5,000, 1,000 루피아의 총 6종류가 있고, 동전은 1,000, 200, 100, 50, 25, 10, 5 루피아의 총 8종류가 있다. 그러나, 100 루피아 이하의 동전은 거의 사용되지 않는다. 또한 슈퍼마켓 같은 곳에서 거스름 돈이 100 루피아 이하이면 흔히 사탕으로 대신하며, 50루피아 미만이면 아예 주지 않는 경우가 다반사이다.

Sekilas Indonesia | 화폐 단위는 rupiah(Rp.). 공항이나 호텔, 길거리 등 곳곳에 달러환전소가 있다.

Mata uang Indonesia

인도네시아 화폐

다른 사이즈로 교환해 주세요

Tolong tukarkan dengan yang berukuran lain

똘롱 뚜까르깐 등안 양 브루꾸란 라인

29 Pelajaran

구입한 물건을 교환할 때 사용할 수 있는 표현을 익혀 실제 상황에서 유용하게 사용할 수 있도록 하며 전치사의 종류와 사용에 대해 학습한다.

percakapan

Nyonya Kim: Permisi, Boleh saya bertanya?
쁘르미시 볼레 사야 브르따냐

Penjual: Boleh. Ada apa?
볼레 아다 아빠

Nyonya Kim: Kemarin saya membeli kemeja ini untuk suami saya.
끄마린 사야 믐블리 끄메자 이니 운뚝 수아미 사야

Tetapi kemeja itu kekecilan bagi suami saya.
뜨따삐 끄메자 이뚜 끄끄찔란 바기 수아미 사야

Boleh saya tukar dengan ukuran lebih besar?
볼레 사야 뚜까르 등안 우꾸란 르비 브사르

Penjual: Kemeja itu ukuran apa?
끄메자 이뚜 우꾸란 아빠

Nyonya Kim: Itu ukuran M. Saya mau yang berukuran L.
이뚜 우꾸란 엠 사야 마우 양 브루꾸란 엘

Penjual: Sebentar, Bu. Saya coba cari dulu. Ini ukuran L, Bu.
스븐따르 부 사야 쪼바 짜리 둘루 이니 우꾸란 엘 부

Nyonya Kim: Kelihatannya cocok untuk suami saya. Terima kasih.
끌리하딴냐 쪼쪽 운뚝 수아미 사야 뜨리마 까시

Penjual: Sama-sama.
사마-사마

Kosakata

menukarkan 바꿔주다
ukuran 사이즈
berukuran ~사이즈의
permisi 실례하다
bertanya 질문하다
suami 남편
kekecilan 작다
bagi ~에게,~한테
kelihatannya 아마, ~인 것 같다

뇨냐김 : 실례합니다. 뭐 좀 물어봐도 되나요?

점 원 : 그럼요, 뭔데요?

뇨냐김 : 어제 남편에게 주려고 이 와이셔츠를 샀어요. 그런데 남편한테 작아요. 더 큰 사이즈로 교환할 수 있을까요?

점 원 : 그 와이셔츠 사이즈가 어떻게 되지요?

뇨냐김 : M 사이즈요. L 사이즈로 주세요.

점 원 : 잠시만요. 찾아볼게요. 이게 L 사이즈예요.

뇨냐김 : 남편에게 맞을 것 같아요. 고맙습니다.

점 원 : 천만예요.

Ungkapan

ada apa?

'뭔데?' '무슨 일이냐'의 뜻으로 사용된다.

permisi

'실례합니다'의 뜻으로 사용된다. 모르는 사람에게 길을 묻거나, 빈 가게 같은 곳에서 점원을 부를 때, 또는 먼저 자리를 떠나는 경우에 사용한다. 인도네시아에서는 사람들이 모여있는 곳이나 다른 사람 앞을 지나 갈 때 허리를 약간 숙이고 permisi라고 말하면서 빨리 지나간다.

kelihatannya

'~인 것 같다'고 말할 때 사용하며 문장 맨 앞에 위치한다. nampaknya나 rupanya도 같은 의미로 사용된다.

Tata Bahasa

전치사

dengan ~와 함께, ~를 타고, ~을 사용하여

Tuan Roni tinggal dengan keluarganya. 로니씨는 가족과 함께 산다.

Anaknya ke sekolah dengan bus. 아이는 버스를 타고 학교에 간다.

Pegawai itu membuat laporan dengan komputer. 그 직원은 컴퓨터로 보고서를 작성한다.

kepada ~에게 (사람)

Guru menulis surat kepada pelajarnya yang sudah tamat.

선생님은 졸업생에게 편지를 쓰십니다.

pada ~에 (시간)

Acara istimewa akan diadakan pada Hari Kemerdekaan Republik Indonesia.

특별한 행사가 인도네시아 독립 기념일에 있을 예정입니다.

tentang, ~에 대해

Orang asing ingin tahu tentang kebudayaan Korea.

외국인들이 한국의 문화에 대해 알고 싶어한다.

untuk ~을 위하여

Ibu memasak makanan yang enak untuk keluarga.

어머니는 가족을 위해 맛있는 음식을 요리하신다.

sebagai ~로서

Ayah saya bekerja sebagai guru. 나의 아버지는 선생님이다.

Mengenal Indonesia | 화장실 Toilet

인도네시아로 여행을 가는 사람에게 휴대용 화장지를 꼭 챙겨가라는 당부를 항상 한다. 왜냐하면 인도네시아의 화장실에는 휴지가 없기 때문이다. 인도네시아 사람들은 용변 후 휴지대신 놓여 있는 바가지와 물을 이용해서 세척을 하는데, 이 방법이 휴지로 하는 것 보다 더 깨끗하다고 생각한다. 조금 더 시설이 좋은 화장실에는 수도꼭지와 연결된 호스같은 것이 있는데 이것은 수동식 비데이다. 물론, 호텔처럼 외국인의 출입이 많은 곳에는 우리에게 익숙한 양변기가 설치 되어 있다. 혹시 휴지를 가지고 있지 않더라도 너무 당황할 필요는 없다. 대개 공중화장실 앞에서 한 명의 관리인이 화장실 이용료를 받는데, 돈을 내면 두루마리 휴지를 떼서 준다. 입장료 내고 들어간 관광지에서 화장실을 갈 때마다 돈을 내는 것이 아깝기는 하지만, 공중화장실에서 샤워도 하는 현지들을 보노라면 물값을 받아야겠구나 하는 생각이 들기도 한다.

Pusat perbelanjaan di Jakarta

자카르타의 대형 쇼핑센터

Sekilas Indonesia | 자카르타 대형쇼핑센터는 쇼핑과 엔터테인먼트, 리조트까지 모든 것이 해결되는 복합쇼핑센터이다.

숙녀복 매장은 2층에 있어요

Toko pakaian wanita ada di lantai dua
또꼬 빠까이안 와니따 아다 디 란따이 두아

30 Pelajaran

위치를 나타내는 명사와 전치사 di, ke, dari**를 결합하여 장소를 정확하고 구체적으로 설명할 수 있도록 한다.**

percakapan

Nyonya Kim: Mas, Apakah di sini menjual celana untuk wanita juga?
마스 아빠까 디 시니 믄주알 쯜라나 운뚝 와니따 주가

Penjual: Tidak. Kami tidak menjual pakaian wanita.
띠닥 까미 띠닥 믄주알 빠까이안 와니따

Ibu harus ke toko pakaian wanita.
이부 하루스 끄 또꼬 빠까이안 와니따

Nyonya Kim: Toko itu ada di mana?
또꼬 이뚜 아다 디 마나

Penjual: Toko pakaian wanita ada di lantai dua bangunan ini.
또꼬 빠까이안 와니따 아다 디 란따이 두아 방운안 이니

Di sebelah toko buku Gunung Agung.
디 스블라 또또 부꾸 구눙 아궁

Nyonya Kim: Terima kasih banyak.
뜨리마 까시 바냑

Penjual: Sama-sama.
사마-사마

--- Sesaat kemudian ---
스사앗 끄무디안

Penjual: Ada yang bisa saya bantu?
아다 양비사 사야 반뚜

Nyonya Kim: Tidak. Saya hanya melihat-lihat saja.
띠닥 사야 하냐 믈리핫-리핫 사자

Penjual: Silakan, Ibu.
실라깐 이부

Kosakata

pakaian 옷
celana 바지
bangunan 건물
toko buku 서점
melihat-lihat 둘러보다
silakan ~하십시오.

rok 치마
dasi 넥타이
jas 자켓
topi 모자
tas 가방
sepatu 신발

kacamata 안경
ikat pinggang 벨트
kaus kaki 양말
sarung tangan 장갑
syal 스카프

뇨냐김 : 저기요, 이 곳에서 여성용 바지도 파나요?

점　원 : 아니요. 여자 옷은 팔지 않아요. 여성복 매장으로 가셔야 해요.

뇨냐김 : 여성복 매장은 어디에 있나요?

점　원 : 여성복 매장은 이 건물 2 층에 있어요. 구눙아궁 서점 옆에 있어요.

뇨냐김 : 대단히 감사합니다.

점　원 : 천만예요.

--- 잠시 후 ---

점　원 : 무엇을 도와드릴까요?

뇨냐김 : 아니요, 그냥 보는 거예요.

점　원 : 천천히 보세요.

Ungkapan

melihat-lihat saja

'둘러 보는 거예요' 의 뜻으로 백화점 같은 곳에서 살 목적으로 물건을 살피는 것이 아니라 그냥 보는 경우에 사용한다. 반복어 형식의 동사는 일반적으로 '한가로이 ~하다, '반복해서 ~하다' 의 의미를 나타낸다.

silakan

상대방에게 권유할 때 보통 사용된다. silakan 뒤에 구체적인 동작을 나타내는 동사를 같이 사용한다. Silakan duduk (앉으세요), Silakan makan (드세요) 등으로 활용된다.

Tata Bahasa

전치사구

전치사 di, ke, dari 등은 위치를 나타내는 명사와 결합하여 전치사구를 만들며 이로써 정확한 위치를 설명할 수 있다.

atas 위

Kopi ada di atas meja. 커피는 책상위에 있다.

bawah 아래

Kucing tidur di bawah mobil. 고양이가 자동차 아래에서 잠을 잔다.

dalam 안

Anak kecil masuk ke dalam rumah. 어린 아이가 집 안으로 들어간다.

luar 밖

Mereka melakukan perjalanan ke luar kota. 그들은 시외로 여행을 간다.

depan 앞

Sepeda berhenti di depan sekolah. 자전거는 학교 앞에 멈췄다.

belakang 뒤

Ayah datang dari belakang gedung. 아버지가 건물 뒤에서 오셨다.

sebelah 옆

Sekolah ada di sebelah kanan kantor polisi. 학교는 경찰서 오른쪽에 있다.

tengah 중앙

Air mancur terletak di tengah kota Jakarta. 분수가 자카르타시 중앙에 있다.

seberang 건너편

Bank ada di seberang jalan raya itu. 은행은 그 큰 길 건너편에 있다.

Mengenal Indonesia | 우산 빌려드려요. Ojek Payung

우기가 아니더라도 인도네시아는 계절풍의 영향으로 집중호우가 자주 내린다. 이 때 내리는 비의 세기는 매우 강하며 잠시 쏟아지고 그치기 때문에 인도네시아인들은 우산을 가지고 다니는 경우가 거의 없다. 비가 오면 대부분 가게라든가 버스 정류장 같은 곳에서 비가 그치기를 기다린다. 하늘이 흐려지고 비가 올 것 같은 조짐이 보이기 시작하면 우산을 손에 든 어린 아이들이 하나 둘 버스 정거장이나 건물 앞으로 모여든다. 오젝빠융(ojek payung)라 불리는 이들은 비가 올 때 약간의 돈을 받고 버스에서 내리는 사람이나 정류장에서 버스까지 이동을 해야 하는 사람들에게 우산을 씌어 준다.

Sekilas Indonesia | 비오는 날에는 우산을 빌려 쓰고 관광한다.

Hari hujan

비오는 날

Pura di Bali
발리에 있는 관개수로사원

BAGIAN 9

31 이번 주말에 뭐하세요?
32 발리는 유명한 관광지예요
33 무엇을 타고 가세요?
34 선물 사오는 거 잊지마세요

이번 주말에 뭐 하세요?

Apa yang Anda lakukan pada akhir minggu ini?

아빠 양 안다 라꾸깐 빠다 아키르 밍구 이니

31 Pelajaran

주말여행계획을 주제로 하는 회화표현을 학습하고 일상 생활에서 자주 쓰이는 부정 대명사의 종류와 활용에 대해 학습한다.

percakapan

Dodi: Pak Kim sedang apa?
빡 김 스당 아빠

Kim Su-min: Saya sedang mencari informasi perjalanan?
사야 스당 믄짜리 인포르마시 쁘르잘라난

Dodi: Pak Kim mau berjalan-jalan? Mau ke mana?
빡 낌 마우 브르잘란-잘란 마우 끄 마나

Kim Su-min: Keluarga saya ingin bepergian pada akhir minggu ini.
끌루아르가 사야 잉인 브쁘르기안 빠다 아키르 밍구 이니
Tapi Saya masih bingung pilih yang mana.
따삐 사야 마시 빙웅 삘리 양 마나
Rupanya semua obyek wisata di Indonesia bagus.
루빠냐 스무아 오브옉 위사따 디 인도네시아 바구스

Dodi: Ya, betul. Indonesia memiliki banyak tempat yang indah.
야 브뚤 인도네시아 므밀리끼 바냑 뜸빳 양 인다
Coba cari yang dekat dari Jakarta.
쪼바 짜리 양 드깟 다리 자카르타
Dua hari tidak cukup untuk perjalanan ke tempat jauh.
두아 하리 띠닥 쭈꿉 운뚝 쁘르잘라난 끄 뜸빳 자우

Kim Su-min: Saya setuju! Ada beberapa cadangan tempat wisata yang kami ambil.
사야 스뚜주 아다 브브라빠 짜당안 뜸빳 위사따 양 까미 암빌
Ngomong-ngomong apa yang Pak Dodi lakukan pada akhir minggu ini?
응오몽-응오몽 아빠 양 빡 도디 라꾸깐 빠다 아키르 밍구 이니

Dodi : Tidak ada kegiatan apa-apa. Di rumah saja.
띠닥 아다 끄기앗딴 아빠-아빠 디 루마 사자

Kosakata

informasi 정보
perjalanan 여행
berjalan-jalan 구경다니다, 산책하다
bepergian 여행가다

bingung 어리둥절한
pilih 선택하다
obyek wisata 관광지
indah 아름다운
setuju 동의하다

beberapa 몇몇의
cadangan 제안, 계획, 비축품
ngomong-ngomong 그런데 말이야
kegiatan 활동

도 디 : 김수민 씨 뭐 하세요?

김수민 : 여행정보를 찾고 있었어요.

도 디 : 여행을 가시려고요? 어디로 가세요?

김수민 : 가족들이 이번 주말에 여행을 가자고 해요. 그런데, 어디를 선택해야 할지 모르겠어요. 인도네시아에 있는 관광지는 모두 다 좋은 것 같은데 말이예요.

도 디 : 그래요. 인도네시아에는 아름다운 곳이 많이 있어요. 자카르타에서 가까운 곳을 찾아 보세요. 이틀 동안 멀리 가는 것은 무리예요.

김수민 : 나도 그렇게 생각해요. 몇몇 개를 골라 놓기는 했어요. 참, 도디 씨는 이번 주말에 뭐해요?

도 디 : 아무 것도 안 해요. 그냥 집에 있을 거예요.

Ungkapan

berjalan-jalan

'여행하다'의 뜻이며, 뒤에 여행지를 써서 표현할 수 있다. 예를 들어, '제주도로 여행을 가다'라고 말한다면 Saya berjalan-jalan ke Pulau Jeju라고 하면 된다. bepergian이나 melakukan perjalanan도 같은 뜻이다.

saya setuju

상대방의 의견에 동의를 표할 때 사용한다. setuju는 '동의하다'의 뜻이다.

ngomong-ngomong

'그런데 말이야'의 뜻으로 대화 중 화제를 전환하고자 할 때 사용한다.

Tata Bahasa

부정 대명사

불 특정한 사람이나 사물을 대신한다.

apa-apa 아무것도(부정어와 함께 쓰임)
Dia tidak melakukan apa-apa di rumah.
그는 집에서 아무것도 안 한다.

seseorang 어떤 사람
Waktu itu seseorang masuk ke kamar.
그 때 어떤 사람이 방으로 들어왔다.

beberapa 몇몇의
Di Jakarta terdapat beberapa tempat hiburan.
자카르타에는 몇몇 개의 유흥가가 있다.

sesuatu 무엇인가
Dia menerima sesuatu dari luar negeri.
그는 외국에서 무언가를 받았다.

masing-masing 각각, 각자
Masing-masing orang membawa makanan.
사람들은 각자 먹을 것을 가지고 왔다.

Mengenal Indonesia | 토요일 밤 Malam Minggu

인도네시아 사람들은 주말저녁, 즉 토요일 밤에 큰 의미를 부여한다. 지난 5일간의 힘든 일상에서 벗어나 자유로운 분위기 속에서 기분전환을 하고 재충전하는 기회로 삼는다. 그래서 집에 있기 보다는 밖으로 나와 외식도 하고, 영화도 보면서 즐거운 시간을 보낸다. 주말 저녁, 대형 쇼핑센터는 토요일 밤을 즐기려는 연인들이나 가족단위의 방문객들로 인산인해를 이룬다.

Pemandangan malam di Jakarta

자카르타의 야경

발리는 유명한 관광지예요
Pulau Bali adalah tempat wisata yang terkenal
뿔라우 발리 아달라 뜸빳 위사따 양 뜨르끄날

32 Pelajaran

sih, dong, deh, kok **같은 교감사의 의미와 활용에 대해 학습하여 현장감 있는 회화를 가능하게 한다.**

percakapan

Kim Su-min: Pak Dodi pernah pergi ke Pulau Bali?
빡 도디 뻐르나 뻐르기 끄 뿔라우 발리

Dodi: Tentu, dong. Kenapa?
뜬뚜 동 끄나빠

Kim Su-min: Liburan yang lalu keluarga kami berkunjung ke Bali.
리브란 양 랄루 끌루아르가 까미 브르꾼중 끄 발리

Dodi: Bagaimana? Pasti senang, deh.
바가이마나 빠스띠 스낭 데

Kim Su-min: Pulau Bali indah sekali. Terutama pantainya bagus.
뿔라우 발리 인다 스깔리 뜨루따마 빤따이냐 바구스

Dodi: Berapa hari keluarag Anda di Pulau Bali?
브라빠 하리 끌루아르가 안다 디 뿔라우 발리

Kim Su-min: Kami menginap di Bali selama lima hari.
까미 믕이납 디 발리 슬라마 리마 하리

Kami merasa puas menikmati keindahan Pulau Bali.
까미 므라사 뿌아스 므닉마띠 끄인다한 뿔라우 발리

Dodi: Bisa juga karena Pulau Bali tempat wisata yang terkenal.
비사 주가 까르나 뿔라우 발리 뜸빳 위사따 양 뜨르끄날

Kosakata

pulau 섬
adalah ~이다
liburan 휴가
berkunjung 방문하다
pasti 분명히
terutama 특히
pantai 해변
menginap 묵다
merasa 느끼다
puas 만족한
menikmati 즐기다, 감상하다
keindahan 아름다움
tempat wisata 관광지

김수민 : 도디 씨 발리에 가 본 적이 있어요?

도　디 : 당연하지요. 왜요?

김수민 : 지난 휴가에 가족들과 발리에 갔었어요.

도　디 : 어땠어요? 좋았지요?

김수민 : 발리는 매우 아름답더군요. 특히 해변이 좋았어요.

도　디 : 발리에 며칠 있었어요?

김수민 : 5일이요. 우리는 발리의 아름다움을 만족스럽게 즐겼어요.

도　디 : 그러셨을 거예요. 발리는 유명한 관광지이니까요

Ungkapan

indah sekali.

'매우 아름답다' 의 뜻인데, 형용사 indah는 쓰임에 있어 cantik과 구분해야 한다. 사람에게 아름답다는 표현을 할 때는 반드시 cantik 만을 써야 하고, 기타 사물이나 경치 등이 아름답다고 할 때는 cantik과 indah 모두 사용 가능하다.

terutama

'특히' 의 뜻이며, 동의어로는 khususnya가 있다.

Tata Bahasa

인도네시아어의 구어체에서는 특정 의미전달이 목적이 아니고 화자의 의도를 강조하기 위해 교감사가 자주 사용된다.

sih

주로 의문문에서 사용하며 '도대체', '사실은'의 의미를 갖는다.

Ada apa sih? 도대체 무슨 일이야?

dong

단어나 문장의 뒤에서 사용되며 화자의 의도를 부드럽게 하거나 화자와 청자의 의견이 일치하지 않음을 나타낸다.

Bagi dong kuenya. 과자 나눠주라.

Mahal, dong. 비싸다니까요. (가격 흥정할 때)

deh

청자에게 화자의 의도를 은근히 종용할 때 사용한다.

Pasti senang, deh. 분명히 즐거웠을거야.

kok

문두에 사용하여 화자의 의아함을 나타낸다.

Kok, kamu tidak pulang? 어, 너 아직 집에 안 갔어?

Mengenal Indonesia | 발리의 의식 Upacara-upacara di Bali

자바섬 동쪽에 위치한 발리섬은 세계적으로 유명한 인도네시아의 관광지이다. 지상의 낙원이라고 불릴 정도로 아름다운 자연과 다양한 축제와 힌두 종교의식은 발리만의 독특한 문화를 형성하고 있다. 힌두력 새해 첫날인 녜삐(nyepi)에는 악의 신인 야마가 악령의 나라를 청소하기 때문에 악령이 발리에서 모두 물러나가기를 바라는 마음으로 발리 전체가 정화를 위한 의식을 거행한다. 각 마을마다 사원을 중심으로 바다에 공물을 바치고, '오고오고'라는 거대한 인형을 메고 마을을 도는 등의 의식을 행한다. 녜삐 당일에는 달아나는 악령을 자극하지 않기 위해 도시 전체의 조명을 끄고 아무 활동도 하지 않는다. 그밖에 매년 힌두 사원의 창립을 기념하는 행사인 오달란 (Odalan), 조상의 영혼이 다시 돌아 오는 것을 환영하는 의식인 갈룽안(Galungan), 세상에 돌아 온 조상을 다시 하늘로 돌려보내는 의식인 꾸닝안(Kuningan), 송곳니를 갈아 평평하게 하는 성년식인 뽀똥기기(Potong gigi) 같은 의식이 발리에서 주기적으로 행해진다.

Upacara agama Hindu

힌두의식

Sekilas Indonesia | 발리에는 2만여개의 크고 작은 사원이 있으며 이곳에서 매일 신에게 제사를 지낸다.

무엇을 타고 가세요? Naik apa ke sana?
나익 아빠 끄 사나

33 Pelajaran

출장과 관련된 어휘 및 표현들을 익히고, 부사의 종류와 쓰임을 이해한다.

percakapan

Kim Su-min: Minggu depan saya harus mejalankan tugas dinas ke Bandung.
밍구 드빤 사야 하루스 믄잘란깐 뚜가스 디나스 끄 반둥
Jelaskan tentang kota Bandung?
즐라스깐 뜬땅 꼬따 반둥

Dodi: Kota Bandung merupakan kota industri dan kota pendidikan.
꼬따 반둥 므루빠깐 꼬따 인두스뜨리 단 꼬따 쁜디딕깐
Suasana di Bandung aman dan nyaman. Apalagi sejuk udaranya.
수아사나 디 반둥 아만 단 냐만 아빨라기 스죽 우다라냐

Kim Su-min: Mungkin sepertinya Kota Bandung tempat menarik bagi saya.
뭉낀 스쁘르띠냐 꼬따 반둥 뜸빳 므나릭 바기 사야

Dodi: Pak Kim naik apa ke sana?
빡 김 나익 아빠 끄 사나

Kim Su-min: Saya akan naik kereta api di Stasiun Gambir.
사야 아깐 나익 끄레따 아삐 디 스따시운 감비르
Saya rasa itu tidak capek daripada membawa mobil berjam-jam.
사야 라사 이뚜 띠닥 짜뻬 다리빠다 믐바와 모빌 브르잠-잠

Dodi: Betul, Pak Kim. Saya juga sering memakai kereta api waktu
브뚤 빡 김 사야 주가 스링 므마까이 끄레따 아삐 왁뚜
ke Bandung. Itu nyaman dan bisa menghemat biaya.
끄 반둥 이뚜 냐만 단 비사 믕헤맛 비아야

Kosakata

minggu depan 다음주
menjalankan ~을 행하다
tugas dinas 출장, 공무
menjelaskan 설명하다
merupakan ~이다
kota 도시
industri 산업, 공업
pendidikan 교육

suasana 분위기
aman 안전한
nyaman 편리한
apalagi 더욱이
sejuk 시원한
udara 공기 날씨
sepertinya 마땅히
menarik 흥미로운

kereta api 기차
stasiun 역
capek 피곤한
berjam-jam 여러 시간동안
menghemat 절약하다
biaya 경비

김수민 : 다음 주에 제가 반둥으로 출장을 가야 해요. 반둥에 대해 알려 주세요.

도　디 : 반둥은 산업도시이며 교육도시예요. 반둥은 안전하고 편안한 곳 이예요. 게다가 날씨도 서늘하고요.

김수민 : 반둥은 멋있는 곳 이군요.

도　디 : 무엇을 타고 반둥에 가세요?

김수민 : 감비르 역에서 기차를 탈 거예요. 여러 시간 차를 타고 가는 것 보다 그게 피곤 하지 않을 것 같아요.

도　디 : 맞아요. 나도 반둥에 갈 때 종종 기차를 타요. 그게 편하고 돈도 절약되지요.

Ungkapan

minggu depan

미래의 시간을 표현할 때 보통 yang akan datang(~후)을 사용하는데, 특별히 '다음 주', '다음 달', '내년'을 표현할 때는 depan을 사용하여, minggu depan(다음 주), bulan depan(다음 달), tahun depan(내년)이라고 한다.

saya rasa~

'나는 ~라고 생각해' 또는 '내 생각에는'의 의미로 saya kira라고도 쓴다.
Saya kira orang itu baik. (나는 그가 좋은 사람이라고 생각해.)

Tata Bahasa

부사

1. dengan +형용사 / secara +형용사

   Pembantu baru itu bekerja **dengan rajin.**

   그 새 가정부는 부지런히 일한다.

   Penjelasan diberikan oleh pemerintah **secara resmi.**

   정부는 공식적으로 해명을 했다.

2. 단어의 반복

   Dia **diam-diam** masuk ke ruang rapat. 그는 조용히 회의실로 들어왔다.

   Tolong berbicara **pelahan-lahan.** 천천히 말해주세요.

3. 빈도부사

   selalu 항상

   Ibu saya selalu bangun pagi-pagi. 나의 어머니는 항상 아침 일찍 일어나신다.

   sering 자주, 종종

   Kami sering makan malam di luar rumah. 우리는 자주 외식을 한다.

   kadang-kadang 가끔

   Kadang-kadang dia mengunjungi pacarnya. 가끔 그녀는 애인을 방문한다.

   jarang 거의 ~ 않다

   Tetangga saya jarang keluar dari rumahnya. 내 이웃은 집밖으로 거의 나오지 않는다.

Mengenal Indonesia | 상 꾸리앙 전설 Legenda Sang Kuriang

상꾸리앙은 사슴의 간을 먹고 싶어 하는 어머니, 다양숨비를 위해 사슴 대신 저주에 걸려 개로 변한 자신의 아버지, 뚜망의 간을 어머니에게 드렸다. 그 사실을 알고 화가 난 다양숨비는 상꾸리앙을 때려 상처를 입히고 집에서 내쫒았다. 몇 년이 지나 건장한 청년이 된 상꾸리앙은 숲 속을 지나다가 영원히 늙지 않는 아름다운 다양숨비의 모습에 반하게 되고, 둘은 서로 사랑에 빠졌다. 어느 날 우연히 다양숨비는 상꾸리앙의 이마에 난 상처를 보고 그가 자신의 아들임을 확신하고 상꾸리앙의 청혼을 거절한다. 상꾸리앙이 계속 결혼을 요구하자 다양숨비는 상꾸리앙이 거대한 배를 하룻밤 안에 만들면 결혼을 허락하겠다고 한다. 상꾸리앙은 그날 밤 거의 배를 완성해 가고 있었다. 당황한 다양숨비는 급히 수탉을 깨워 울게 하여 날이 이미 밝은 것처럼 일을 꾸몄다. 자신이 실패했다고 생각한 상꾸리앙은 화가 나서 자신이 만들던 배를 발로 걷어찼고, 그 배가 뒤집어져서 땅꾸반 쁘라후산(Gunung Tangkuban Perahu)이 되었다고 한다.

Gunung Tangkuban Perahu

뻐라후 화산

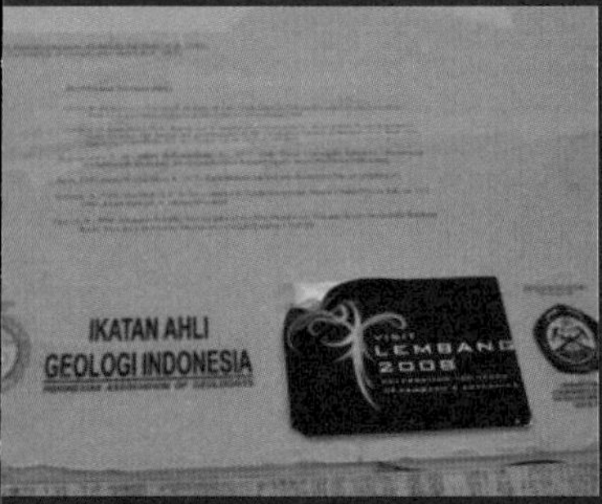

선물 사오는 거 잊지마세요

Jangan lupa membawa oleh-oleh
장안 루빠 믐바와 올레-올레

34
Pelajaran

휴가와 관련된 용어 및 표현들을 학습하고, 여러 가지 의미로 사용되는 접두사 se-의 용법에 대해 학습한다.

percakapan

Sekretaris: Bapak, kapan ke Korea?
바빡 까빤 끄 꼬레아

Kim Su-min: Hari Sabtu ini.
하리 삽뚜 이니

Sekretaris: Pergi sendiri atau bersama dengan keluarga?
쁘르기 슨디리 아따우 브르사마 등안 끌루아르가

Kim Su-min: Kami sekeluarga akan ke Korea selama liburan.
까미 스끌루아르가 아깐 끄 꼬레아 슬라마 리부란
Kami menunggu liburan sekolah anak saya mulai supaya
까미 므눙구 리부란 스꼴라 아낙 사야 물라이 수빠야
berangkat bersama-sama.
브랑깟 브르사마-사마

Sekretaris: Kapan kembali lagi ke Indonesia?
까빤 끔발리 라기 끄 인도네시아

Kim Su-min: Masa liburan saya hanya dua minggu saja.
마사 리부란 사야 하냐 두아 밍구 사자
Oleh karena itu saya akan kembali duluhan.
올레 까르나 이뚜 사야 아깐 끔발리 둘루안
Istri dan anak saya akan tinggal di Korea selama sebulan.
이스뜨리 단 아낙 사야 아깐 띵갈 디 꼬레아 슬라마 스블란

Sekretaris: Pak Kim, jangan lupa membawa oleh-oleh, ya!
빡 김 장안 루빠 믐바와 올레-올레 야

Kosakata

jangan ~하지 마시오
sekeluarga 일가
liburan 휴가
liburan sekolah 방학
mulai 시작하다
kembali 되돌아오다
oleh-oleh 선물, 기념품
kado 선물
cenderamata 선물, 증표
hadiah 상

비 서 : 부장님, 언제 한국에 가세요?

김수민 : 이번 주 토요일이요.

비 서 : 혼자 가세요 아니면 가족들과 함께 가세요?

김수민 : 휴가동안 우리 가족 모두 한국에 가요. 가족이 함께 가려고 아이들이 방학할 때까지 기다렸어요.

비 서 : 언제 인도네시아로 돌아오세요?

김수민 : 내 휴가는 2주 밖에 안 되잖아요. 그래서 나는 먼저 돌아 오고 아내와 아이는 한달 동안 한국에 있을 거예요.

비 서 : 부장님, 선물 사 오시는 것 잊으시면 안돼요.

Ungkapan

hari Sabtu ini

시간을 나타내는 단어 뒤의 ini는 현재를 나타낸다. 그러므로, hari Sabtu ini는 '이번주 토요일', minggu ini는 '이번 주', tahun ini는 '올해'의 뜻이다.

kembali

'되 돌아오다' 의 뜻이다. pulang은 집, 고향, 고국으로 돌아 가다라는 뜻인 반면, kembali는 장소를 한정하지 않고 무조건 출발했던 곳으로 되돌아 오는 경우에 사용한다.

selama sebulan

selama는 '~동안'의 뜻으로 절을 이끄는 종속 접속사로도 사용가능 하지만 구체적인 시간을 나타내는 표현과 함께 기간을 나타낼수 있다. 그러므로, selama sebulan은 '한달 동안'을 나타낸다.

Tata Bahasa

접두사 Se-

1. **'하나'의 의미**
   Yoman bertemu dengan seorang gadis di Jerman.
   요만은 독일에서 한 명의 아가씨를 만났다.
2. **'모든', '전체'의 의미**
   Kami sekeluarga pergi ke Korea.
   우리가족 모두는 한국에 간다.
3. **'같은'의 의미**
   Sri teman sekelas Yoman.
   스리는 요만의 같은반 친구이다.
4. **형용사의 동급비교 A se+형용사 B, (A는 B만큼 ~다)**
   Lestari secantik ibunya.
   레스따리는 그녀의 어머니만큼 예쁘다.

Mengenal Indonesia | 보로부두르 사원 Candi Borobudur

중부자바에 위치한 보로부두르 사원은 1973년 아시아 최초로 유네스코가 세계 문화 유산으로 지정했으며, 세계 최대 불교 유적 및 세계 7대 불가사의 중 하나이다. 보로부두르 사원 벽에는 붓다의 일생을 부조로 형상화해 놓았다.

종모양의 스투파안에 있는 불상의 손을 만지면 소원이 이루어진다고 한다.

Candi Borobudur

보로부두르사원

Pemandangan di sekitar candi Borobudur
비오는 날 보로부두르 사원에서 바라 본 주변 경관

BAGIAN 10

열이 나고 머리가 아파요
Badan saya demam dan sakit kepala
바단 사야 드맘 단 사낏 끄빨라

35 Pelajaran

몸의 아픈 증상을 설명하는 표현을 배워 실제 상황에서 유용하게 사용할 수 있도록 한다. 또한, 인도네시아어의 동사 중 원형동사에 대해 학습한다.

percakapan

Dodi: Kenapa, Pak Kim? Wajah Anda pucat.
끄나빠 빡 김 와자 안다 뿌짯

Kim Su-min: Badan saya kurang enak sejak tadi pagi.
바단 사야 꾸랑 에낙 스작 따디 빠기

Dodi: Bagaimana gejalanya?
바가이마나 그잘라냐

Kim Su-min: Badan saya demam dan sakit kepala.
바단 사야 드맘 단 사낏 끄빨라

Dodi: Mengapa Anda masuk kantor?
등아빠 안다 마숙 깐또르

Seharusnya Anda beristirahat di rumah. Sudah ke dokter?
스하루스냐 안다 브리스띠라핫 디 루마 수다 끄 독뜨르

Kim Su-min: Belum. Saya akan ke dokter nanti jam makan siang.
블룸 사야 아깐 끄 독뜨르 난띠 잠 마깐 시앙

Dodi: Tidak boleh begitu. Ayo, sekarang ke dokter.
띠닥 볼레 브기뚜 아요 스까랑 끄 독뜨르

Saya akan mengantar Anda.
사야 아깐 등안따르 안다

Kosakata

badan 몸
demam 열나다
sakit 아프다
kepala 머리
wajah 얼굴
pucat 창백한
kurang 모자라다, 부족하다
gejala 증상
seharusnya ~했어야 한다
beristirahat 쉬다
dokter 의사
mata 눈
hidung 코
mulut 입
telinga 귀
leher 목
bahu 어깨
tangan 손
kaki 발

도 디 : 김수민 씨, 왜 그래요? 얼굴이 창백해요.

김수민 : 아침부터 몸이 안 좋아요.

도 디 : 증상이 어떤데요?

김수민 : 열이 나고 머리가 아파요.

도 디 : 집에서 쉬지 왜 출근을 했어요? 병원에는 다녀왔어요?

김수민 : 아니요. 점심시간에 갈 거예요.

도 디 : 그러면 안돼요. 지금 갑시다. 내가 데려다 줄께요.

Ungkapan

Badan saya kurang enak.

'몸이 안 좋아'의 의미. enak은 '맛있는'의 뜻으로 음식의 맛을 나타내기도 하지만, 회화에서 '편안한', '좋은'의 뜻으로 몸의 상태, 기분, 시설 등을 나타내는 단어와 함께 사용할 수 있다. '모자라다'의 뜻을 가진 kurang과 함께 사용하여 완강한 부정을 피하기도 한다.

Bagaimana gejalanya?

환자에게 증상을 묻는 표현으로 '어디가 아프세요?'를 묻는 Sakit apa?와 같은 뜻이다.

seharusnya

'~했어야만 한다'의 의미로 하지 않은 일에 대한 후회와 책망을 표현한다.

ke dokter.

한국어에서는 몸이 아프면 진료를 받기 위해 '병원에 간다'고 한다. 그러나 인도네시아에서는 해당 표현을 ke dokter(의사에게 간다) 라고 한다. Ke rumah sakit에는 진료 외에 다른 용무로의 방문도 포함된다.

Tata Bahasa

원형동사

어근만으로 활용되는 동사이다.

Saya **lahir** di Seoul.	나는 서울에서 태어났다.
Kelaurga saya **bangun** pagi-pagi.	우리 가족은 아침 일찍 일어난다.
Anaknya **naik** bus ke sekolah.	그의 아이는 버스를 타고 학교에 간다.
Harga barang **turun**.	물가가 내렸다.
Mereka **duduk** untuk beristirahat.	그들은 쉬려고 앉았다.
Kakek dan nenek kami masih **hidup**.	우리 조부모님은 아직 살아 계신다.
Tiba-tiba lampu **mati**.	갑자기 전등이 꺼졌다.
Saya ingin **terbang** seperti burung.	나는 새처럼 날고 싶다.
Setiap hari kita **lewat** jalan ini.	매일 우리는 이 길을 지나간다.
Beliau sudah **sampai** di Surabaya.	그분은 이미 수라바야에 도착하셨다.
Saya **ingat** namamu.	나는 당신의 이름을 기억합니다.

Mengenal Indonesia

| 인도네시아 전통 약초
Jamu, obat tradisional Indonesia

자무는 인도네시아에서 자생하는 2,000여 종류의 식물의 뿌리와 잎으로 제조한 약초이다. 사람의 체질이나 건강상태에 맞게 여러 가지 약초를 섞어 음료로 만들어 마시는데, 가벼운 근육통에서부터 원기회복, 노화방지, 피부미용에 이르기까지 자무는 만병통치약으로 사용되고 있다. 자무는 차나 음료수의 형태로 제품화되어 시중에서 많이 팔리고 있지만, 곱게 화장을 하고 챙이 넓은 대나무 모자를 쓴 자바여인이 어깨에 매고 다니면서 팔기도 한다. 예전에 자무를 팔러 다니는 여인들 중에는 배우자를 물색하려는 의도로 행상을 하는 이도 있었다고 한다. 그래서 그들이 매고 다니는 바구니 안의 자무 병의 개수로 미혼인지 기혼인지를 표시하는데, 병의 개수가 홀수이면 신랑감을 찾는 신호라고 한다.

Bandar udara Adisutjipto

아디수찝또 공항

진찰실 앞에서 기다리세요
Silakan tunggu di depan ruang pemeriksaan
실라깐 뚱구 디 드빤 루앙 쁘므릭사안

Pelajaran 36

병원에서 진료 접수과정 시에 유용하게 사용할 수 있는 표현을 학습하며 자동사인 ber-동사의 문법적 기능에 대해 알아본다.

percakapan

Dodi: Kalau sakit, Pak Kim ke rumah sakit mana?
깔라우 사낏 빡 김 끄 루마 사낏 마나

Kim Su-min: Saya belum pernah ke dokter di Indonesia.
사야 블룸 쁘르나 끄 독뜨르 디 인도네시아
Ini pertama kali saya ke dokter.
이니 쁘르따마 깔리 사야 끄 독뜨르

Dodi: Kalau begitu, ke rumah sakit mana, ya?
깔라우 브기뚜 끄 루마 사낏 마나 야

Kim Su-min: Pak Dodi, antarkan saya ke rumah sakit dekat dari kantor kita.
빡 도디 안따르깐 사야 끄 루마 사낏 드깟 다리 깐또르 끼따

---- Di rumah sakit ---
디 루마 사낏

Pegawai rumah sakit: Bapak mau bertemu dengan dokter siapa?
바빡 마우 브르뜨무 등안 독뜨르 시아빠

Dodi: Kami baru pertama kali ke rumah sakit ini jadi tidak tahu menjumpai dokter siapa.
까미 바루 쁘르따마 깔리 끄 루마 사낏 이니 자디 띠닥 따후 믄줌빠이 독뜨르 시아빠

Pegawai rumah sakit: Oke. Kalau begitu, daftar dulu kemudian silakan tunggu di depan ruang pemeriksaan A.
오케 깔라우 브기뚜 다프따르 둘루 끄므디안 실라깐 뚱구 디 드빤 루앙 쁘므릭사안 아
Tolong isi formulir ini.
똘롱 이시 포르물리르 이니

Dodi: Ya, terima kasih.
야 뜨리마 까시

Pegawai rumah sakit: Sama-sama.
사마-사마

Kosakata

silakan ~하십시오
ruangan 방
pemeriksaan 진찰, 검사
rumah sakit 병원
pertama 첫번째
kali 번, 회
bertemu 만나다
menjumpai ~를 만나다
oke 오케이
daftar(mendaftarkan) 등록하다
formulir 양식

도　　디 : 어느 병원에 다니세요?

김 수 민 : 인도네시아에서는 병원에 간 적이 없어요. 이번이 처음이에요.

도　　디 : 그러면 어느 병원으로 갈까요?

김 수 민 : 도디 씨, 사무실 근처 병원으로 데려다 주세요.

--- 병원에서 ---

병원직원 : 어느 의사 선생님께 진료를 받으시겠어요?

도　　디 : 이 병원에 처음 와서 어느 의사에게 진찰을 받아야 할지 모르겠어요.

병원직원 : 알겠습니다. 그러면 먼저 접수하시고 A진찰실 앞에서 기다리세요.
이 양식을 작성해 주세요.

도　　디 : 네, 고맙습니다.

병원직원 : 천만에요.

Ungkapan

pertama kali

pertama는 '첫번째', kali는 '~번,~회'의 뜻이므로 pertma kali는 '처음'의 뜻을 가진다. 한편 satu kali는 '1회, 한번'의 뜻이 된다.

baru

형용사로 '새로운'의 뜻이지만 '방금, 바로, 지금 막'의 뜻을 가진 부사로도 사용된다. Kami baru pertama kali ke rumah sakit ini라고 말하면 '우리는 이 병원에 지금 처음 왔어요'의 뜻이다.

tolong isi formulir ini

isi bensin(주유하다)에서 처럼, isi는 '채우다, 써넣다'의 의미로 isi formulir라고 하면 '양식을 작성하다'가 된다. 또 '~해 주세요'를 표현하는 tolong과 함께 사용하여 '이 양식을 작성해 주세요'라고 해석된다.

Tata Bahasa

ber- 동사

1. 접두사 ber-를 가지는 동사의 대부분은 자동사이다.
   Seorang pelajar **bertanya** kepada guru tentang sejarah.
   한 학생이 역사에 대해 선생님에게 질문했다.
   Pembantu kami biasanya **berjalan** kaki ke pasar.
   우리 가정부는 보통 걸어서 시장에 간다.
   Boleh saya **berbicara** dengan Pak Sapardi?
   사파르디씨와 통화할 수 있나요?
   Anak yang **berbaju** putih adalah adik saya.
   흰 옷을 입은 아이가 내 동생이다.

2. ber-동사가 타동사인 경우
   Banyak orang Indonesia sedang **belajar** bahasa Korea.
   많은 인도네시아 사람들이 한국어를 배우고 있다.
   Anak saya pintar **bermain** piano.
   내 아이는 피아노를 잘 친다.
   Suami saya suka **bermain** golf.
   나의 남편은 골프 하는 것을 좋아한다.

Mengenal Indonesia | 인도네시아 죽부인 Guling

날씨가 덥고 습한 인도네시아에서는 이불을 덮지 않고 굴링이라고 하는 1미터 정도 길이의 긴 베개를 끌어 안고 잔다. 굴링은 네덜란드령 인도네시아에서 일하던 네덜란드인 무역업자에 의해 처음 유럽에 알려졌기 때문에 영어권 지역에서는 "Dutch wife"라고 부른다. 이것은 아마도 인도네시아에 장기 체류하게 되어 본국의 부인과 오래 떨어져 지내던 네덜란드인의 외로움에서 비롯되었을 것이라고 사람들은 추측한다.

Ibu menggendong anaknya

아기를 업고 있는 여인

Sekilas Indonesia | 아기를 옆으로 업기 때문에 아기의 시야를 가리지 않아 좋다.

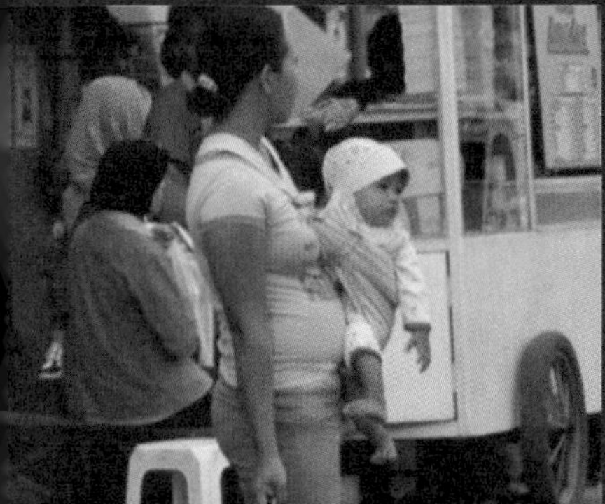

입원하셔야 겠어요
Anda perlu dirawat di rumah sakit
안다 쁘를루 디라왓 디 루마 사낏

37 Pelajaran

진료과정에서 사용되는 어휘와 표현에 대해 학습하며, me-동사의 비음화에 대해 학습한다.

percakapan

Dokter: Selamat siang, ada apa, ya?
슬라맛 시앙 아다 아빠 야

Dodi: Pak dokter, teman saya ini sakit sejak pagi.
빡 똑뜨르 뜨만 사야 이니 사낏 스작 빠기

Dokter: Sakit apa?
사낏 아빠

Kim Su-min: Badan saya demam dan sakit kepala sejak pagi.
바단 사야 드맘 단 사낏 끄빨라 스작 빠기
Mulai siang ini saya merasa dingin, dok.
물라이 시앙 이니 사야 므라사 딩인 독

Dokter: Coba buka mulut Anda.
쪼바 부까 물룻 안다

Kim Su-min: A~
아

Dokter: Kelihatannya Anda kena tifus.
끌리하딴냐 안다 끄나 띠쁘스
Anda perlu dirawat di rumah sakit untuk sementara.
안다 쁘를루 디라왓 디 루마 사낏 운뚝 스믄따라

Kim Su-min: Saya saikt parah?
사야 사낏 빠라

Dokter: Tidak. Tetapi lebih baik Anda beristirahat di rumah sakit
띠닥 뜨따삐 르비 바익 안다 브리스띠라핫 디 루마 사낏
supaya penyakit itu cepat sembuh.
수빠야 쁘냐낏 이뚜 쯔빳 슴부

Kosakata

dirawat 간호받다
dingin 추운
dok(dokter) 의사
buka(membuka) 벌리다, 열다
mulut 입
kena 걸리다, 당하다
tifus 설사를 동반한 열병
untuk sementara 당분간
parah 심한, 중상의
penyakit 병
sembuh 회복하다

의 사 : 안녕하세요, 어떻게 오셨어요?

도 디 : 선생님, 제 친구가 아침부터 아팠답니다.

의 사 : 어디가 아프세요?

김수민 : 아침부터 열이 나고 머리가 아파요. 낮부터는 한기도 들고요.

의 사 : 입을 벌려 보세요.

김수민 : 아~

의 사 : 티푸스에 걸린 것 같아요. 당분간 입원을 하셔야겠어요.

김수민 : 많이 안 좋은가요?

의 사 : 아니요. 그러나 빨리 나으려면 병원에서 쉬는 게 좋아요.

Ungkapan

Pak dokter

한국에서 '의사선생님' 이라는 호칭을 사용하는 것처럼, 인도네시아 사람들도 Pak dokter를 사용하여 '의사 선생님' 이라고 부른다. 또는 dokter를 줄여 dok으로만 호칭하기도 한다.

mulai siang ini

mulai는 '시작하다' 의 뜻과 함께 '~부터' 의 뜻으로도 사용된다. 그러므로 이때 mulai는 dari로 대신할 수 있다.

untuk sementara

'당분간' 또는 '임시로' 의 뜻이다.

Tata Bahasa

me-동사

접두사 me-를 가지는 동사는 대부분 타동사이다. 특히 접두사 me-는 어근의 첫 소리에 따라 me-, mem-, men-, meng-, meny-, menge- 형태로 변한다.

1. **me-** : 어근의 첫 소리가 l, m, n, ny, r, y, w 인 경우.
   melihat(보다), memasak(요리하다), menanti(기다리다), menyanyi(노래하다), merasa(느끼다), mewujudkan(이루다), meyakinkan(확신시키다)

2. **mem-** : 어근의 첫소리가 b, p인 경우. p는 생략된다
   membaca(읽다), memukul(때리다 pukul)

3. **men-** : 어근의 첫소리가 c, d, j, t인 경우. t는 생략된다.
   mencuci(씻다), mendengar(듣다), menjemput(마중하다) , menarik(끌다 tarik)

4. **meng-** : 어근의 첫소리가 모음, g, h, k인 경우. k는 생략된다.
   mengambil(가지다), mengerti(이해하다), mengisi(채우다), mengolah(가공하다), mengundang(초대하다), menggosok(문지르다), menghapus(지우다), mengirim(보내다 kirim)

5. **meny-** : 어근의 첫소리가 s인 경우. s는 생략된다.
   menyimpan(보관하다 simpan)

6. **menge-** : 어근이 단음절인 경우.
   mengecat(칠하다), mengepel(걸레질하다), mengelap(행주로 닦다)

☞ menyanyi(노래하다), merokok(담배피우다)처럼 어근이 명사인 me-동사는 자동사이다.

Mengenal Indonesia | 오른 손과 왼 손
Tangan kanan dan tangan kiri

인도네시아 사람들은 오른 손과 왼 손을 엄격히 구분하여 사용한다. 오른 손은 식사를 하는 깨끗한 손 그리고 왼손은 화장실에서 사용하는 깨끗하지 못한 손이다. 그러므로, 악수를 하거나 다른 사람과 물건을 주고 받을 때는 반드시 오른 손을 사용해야 한다. 왼 손을 식탁 위에 올리거나 왼손으로 음식을 만지는 것은 실례이다.

항상 미소를 지으며 손님을 맞이하는 인도네시아 종업원들의 모습

Pelayan-pelayan

종업원

식후에 이 약을 드세요
Minumlah obat ini setelah makan
미눔라 오밧 이니 스뜰라 마깐

38 Pelajaran

의사나 간호사가 환자에게 말하는 여러 가지 지시사항을 듣고 이해할 수 있도록 한다. 또한 기원문을 표현하는 법을 학습한다.

percakapan

Perawat : Bagaimana perasaan Anda sekarang? Masih sakit?
바가이마나 쁘라사안 안다 스까랑 마시 사낏

Kim Su-min: Perasaan saya baik. Tidak sakit lagi, suster.
쁘라사안 사야 바익 띠닥 사낏 라기 수스뜨르

Perawat: Pak dokter mengizinkan Anda pulang hari ini.
빡 독뜨르 믕이진깐 안다 뿔랑 하리 이니
Bapak siap-siap saja untuk pulang rumah.
바빡 시압-시압 사자 운뚝 뿔랑 루마
Oh, ya, seblumnya bereskan urusan di bagian administrasi.
오 야 스블룸냐 베레스깐 우루산 디 바기안 아드미니스뜨라시

Kim Su-min: Ya, suster.
야 수스뜨르

Perawat: Ini resep dokter. Silakan beli obat ini di apotek di lantai dasar.
이니 르셉 독뜨르 실라깐 블리 오밧 이니 디 아뽀떽 디 란따이 다사르
Anda harus minum obat ini setelah makan.
안다 하루스 미눔 오밧 이니 스뜰라 마깐

Kim Su-min: Ya, mengerti. Saya usahakan.
야 믕으르띠 사야 우사하깐
Terima kasih banyak atas perawatan selama saya di rumah sakit.
뜨리마 까시 바냑 아따스 쁘라왓딴 슬라마 사야 디 루마 사낏

Perawat: Terima kasih kembali. Semoga cepat sembuh.
뜨리마 까시 끔발리 스모가 쯔빳 슴부

Kosakata

obat 약
perawat 간호사
suster 간호사를 부르는 호칭
perasaan 기분, 감정
mengizinkan 허락하다
siap-siap 준비하다
bereskan(membereskan) 처리하다, 정리하다
urusan 일
bagian 부서
administrasi 행정
resep 처방전
apotek 약국
lantai dasar 로비
usahkan (mengusahakan) 노력하다
atas ~에 대해, 위
perawatan 간호
semoga ~하기를 기원하다

간호사 : 지금 기분이 어때요? 아직 아파요?

김수민 : 기분 좋아요. 안 아파요.

간호사 : 의사 선생님이 오늘 퇴원해도 된데요. 퇴원 준비하세요. 참, 우선 원무과에서 퇴원수속부터 하세요.

김수민 : 네.

간호사 : 이건 처방전이예요. 1층 약국에서 약을 사세요. 식후에 이 약을 꼭 드세요.

김수민 : 알겠습니다. 그렇게 할께요. 그동안 잘 돌봐 주셔서 감사합니다.

간호사 : 천만예요. 빨리 회복하세요.

Ungkapan

tidak sakit lagi

lagi는 '또', '다시', '더'의 의미로 사용되므로 tidak sakit lagi에서는 '더 이상 아프지 않아요'의 뜻이다.

suster

간호사를 부르는 호칭이다. '간호사'라는 직업을 나타낼 때는 perawat을 사용하고 부를 때는 suster를 사용한다.

di lantai dasar.

lantai는 '층'을 나타내며 숫자와 결합하여 사용한다. lantai dasar는 지상의 가장 아래층을 나타내며, lantai 1(1층), lantai 2(2층),…으로연결된다.

terima kasih atas~

'~에 대해 감사하다'의 뜻으로 atas 뒤에 감사한 내용을 쓴다. 예를 들어, '와주셔서 감사합니다'라고 말한다면, Terima kasih atas kedatangan anda.라고 하면 된다. 그외에, Terima kasih atas pemberiannya.(선물을 주셔서 감사합니다). Terima kasih atas perhatian anda.(관심가져 주셔서 감사합니다)등으로 활용한다.

Tata Bahasa

기원문

1. **주어+berharap+기원의 내용**
   Saya berharap anda berhasil. 나는 당신이 성공하기를 바랍니다.

2. **Mudah-mudahan+기원의 내용**
   Mudah-mudahan perhubungan antara Korea Selatan dan Korea Utara semakin baik.
   남한과 북한의 관계가 점점 더 좋아지기를 바랍니다.

3. **Moga-moga+기원의 내용**
   Moga-moga anda berbahagia. 당신의 행복을 빕니다.

4. **Semoga+기원의 내용**
   Semoga anda cepat sembuh. 빨리 회복하시기를 바랍니다.

Mengenal Indonesia | 인도네시아의 시조 Pantun

4행시인 빤뚠은 인도네시아 고대 시문학의 한 종류로서 현재까지도 인도네시아인들이 향유하는 인도네시아 문화유산이다. 직접화법에 서툰 인도네시아인들은 예로부터 빤뚠을 빌어 연인에게 사랑을 고백하거나 아이들을 훈계하였다.

Kayu bakar dibuat arang
Arang dibakar memansakan dir
Jangan mudah menyalahkan orang
Cermin muka lihat sendiri.i
나무를 태워 숯을 만들면
숯은 자신을 불사른다네
다른 사람을 쉽게 탓하지 말고
거울로 자신의 얼굴을 보게나

Sekilas Indonesia | 인도네시아는 적도에 위치하고 있어 저녁 6시면 해가 지고, 해가 지면 바로 어두워진다.

Senja

석양

Penari Jawa tradisional di Keraton Yogyakarta
족자왕궁에서 민속춤을 추고 있는 무희들

BAGIAN 11

39 한국으로 송금하려고 하는데요

40 오늘 환율이 얼마예요?

한국으로 송금하려고 하는데요
Saya mau mengirim uang ke Korea
사야 마우 믕이림 우앙 끄 꼬레아

39 Pelajaran

송금과 관련하여 사용 가능한 어휘와 표현을 학습하며, 명령문의 패턴을 익혀 활용하도록 한다.

percakapan

Pegawai bank: Selamat pagi, bisa saya bantu?
슬라맛 빠기 비사 사야 반뚜

Kim Su-min: Selamat pagi, saya mau mengirim uang ke Korea.
슬라맛 빠기 사야 마우 믕이림 우앙 끄 꼬레아

Pegawai bank: Berapa jumlah uang yang akan Bapak kirim?
브라빠 줌라 우앙 양 아깐 바빡 끼림

Kim Su-min: Lima juta rupiah. Ini uangnya.
리마 주따 루삐아 이니 우앙냐

Pegawai bank: Tolong isi formulir ini dulu. Boleh saya minta kartu identitas Bapak?
똘롱 이시 포르물리르 이니 둘루 볼레 사야 민따 까르뚜 이덴띠따스 바빡

Kim Su-min: Ya, ini paspor dan KITAS saya.
야 이니 빠스뽀르 단 끼따스 사야

Pegawai bank: Cukup paspor saja.
쭈꿉 빠스뽀르 사자
Tunggu sebentar saya fotokopi dulu paspor Anda.
뚱구 스븐따르 사야 포또꼬삐 둘루 빠스뽀르 안다

--- Sesaat kemudian ---
스사앗 끄므디안

Pegawai bank: Bapak Kim Su-min, ini tanda bukti transaksi uang dan paspor Bapak.
바빡 김 수민 이니 딴다 북띠뜨란삭시 우앙 단 빠스뽀르 바빡

Kim Su-min: Terima kasih.
뜨리마 까시

Pegawai bank: Sama-sama.
사마-사마

Kosakata

mengirim 보내다
jumlah 합계, 총액
juta 백만
kartu identitas 신분증
paspor 여권
KITAS(kartu izin tinggal sementara) 거주허가증
fotokopi 복사
tanda bukti 영수증
transaksi uang 송금

은행직원 : 안녕하세요, 무엇을 도와 드릴까요?

김 수 민 : 안녕하세요, 한국으로 송금을 하려고요

은행직원 : 고객님, 얼마를 송금하시겠어요?

김 수 민 : 오백만 루피아요. 여기 있습니다.

은행직원 : 먼저 이 양식을 작성해 주세요. 고객님 신분증을 주시겠어요?

김 수 민 : 제 여권과 거주허가증입니다.

은행직원 : 여권만 있으면 돼요. 여권을 복사하는 동안 잠시만 기다려 주세요.

--- 잠시 후 ---

은행직원 : 김수민 씨, 송금영수증과 여권 여기 있습니다.

김 수 민 : 고맙습니다.

은행직원 : 천만예요.

Ungkapan

berapa jumlah uang?

'합계가 얼마입니까?' 의 뜻으로 jumlah는 '합계' 이다. jumlah를 대신해서 total를 쓰기도 한다.

cukup paspor saja

'여권만 있으면 돼요' 의 뜻이며 cukup은 '충분하다' 의 뜻으로 회화에서 유용하게 사용된다.

KITAS(Kartu izin tinggal sementara)

인도네시아에 거주하는 외국인들이 취득해야 하는 1년 유효의 거주비자이며 매년 연장한다.

Tata Bahasa

명령문

1. 동사만으로 표현하거나 동사 뒤에 lah를 결합하여 표현
   Duduk di kurusi itu.
   Duduklah di kursi itu.
   이 의자에 앉으시오.
   Belajar sungguh-sungguh.
   Belajarlah sungguh-sungguh.
   열심히 공부해라.

2. me- 타동사의 경우 me-접두사를 빼고 어근으로만 활용한다.
   Lihat pohon itu.
   Lihatlah pohon itu.
   저 나무를 보세요.

3. 부정 명령문은 jangan을 사용한다.
   Jangan masuk ke kamar ini.
   이 방에 들어가지 마시오.

4. 금지 명령문은 dilarang을 사용한다.
   Dilarang masuk. 출입금지
   Dilarang merokok. 금연

Mengenal Indonesia | 반둥 Kota Bandung

자바 섬에 있는 해발 730m의 고원 북쪽 가장자리에 자리잡고 있는 반둥 시는 1810년 네덜란드가 세운 도시로 기후는 온화하고 서늘하며 아름다운 경관에 둘러싸여 있다. 1955년 4월 서구 식민주의에 강력히 대항하던 아프리카와 아시아의 나라들이 모여 제 1회 아시아 아프리카회의를 열었던 곳으로도 잘 알려져 있다. 또한 반둥은 섬유도시로도 유명하다. 섬유공장이 많이 있기 때문에 품질이 좋은 옷감과 의류를 싸게 파는 곳이 많다. 찌함뺄라스 거리(Jl. Cihampelas)는 청바지 골목이라고도 불릴 만큼 청바지를 파는 가게들이 많은데 재미있는 가게 이름과 커다란 캐릭터 인형으로 쇼핑객들의 이목을 집중시킨다.

Sekilas Indonesia | 반둥의 아시아-아프리카거리, 청바지거리의 모습

Kota Bandaung

반둥

오늘 환율이 얼마예요?
Berapa kurs valuta asing hari ini?
브라빠 꾸르스 발루따 아싱 하리 이니

Pelajaran 40 **환전과 관련된 어휘 및 표현을 학습하며, 접미사-nya의 문법적 기능과 활용의 예를 살펴본다.**

percakapan

Kim Su-min: Pak Dodi, pukul berapa bank tutup?
빡 도디 뿌꿀 브라빠 방 뚜뚭

Dodi: Biasanya bank tutup pada pukul dua siang.
비아사냐 방 뚜뚭 빠다 뿌꿀 두아 시앙

Sekarang sudah tutup. Kenapa?
스까랑 수다 뚜뚭 끄나빠

Kim Su-min: Saya mau menukar dolar. Dompet saya kosong sekarang.
사야 마우 므누까르 돌라르 돔뻿 사야 꼬송 스까랑

Di mana saya bisa menukar uang pada jam segini?
디 마나 사야 비사 므누까르 우앙 빠다 잠 스기니

Dodi: Anda boleh menukarnya di money changer di pusat
안다 볼레 므누까르냐 디 머니 체인져르 디 뿌삿

perbelanjaan di sebelah kanan gedung kantor kita.
쁘르블란자안 디 스블라 까난 그둥 깐또르 끼따

Kim Su-min: Apa kurs valuta asing di money changer sama dengan di bank?
아빠 꾸르스 발루따 아싱 디 머니 체인져르 사마 등안 디 방

Dodi: Setahu saya, tidak jauh berbeda. Kadang-kadang money changer
스따후 사야 띠닥 자우 브르베다 까당-까당 머니 체인져르

kasih lebih mahal waktu menukar mata uang, dolar us dengan rupiah.
까시 르비 마할 왁뚜 므누까르 마따 우앙 돌라르 유에스 등안 루삐아

Kim Su-min: Money changer tutup jam berapa?
머니 체인져르 뚜뚭 잠 브라빠

Dodi: Itu buka sampai malam.
이뚜 부까 삼빠이 말람

Kim Su-min: Kalau begitu, saya akan mampir waktu pulang kerja.
깔라우 브기뚜 사야 아깐 맘삐르 왁뚜 뿔랑 끄르자

Kosakata

kurs 환율
valuta 화폐
tutup 닫다
menukar 바꾸다
dompet 지갑
kosong 빈
segini 이 정도, 이 만큼
pusat perbelanjaan 쇼핑센타
sebelah kanan 오른쪽
gedung 건물
kadang-kadang 가끔

김수민 : 도디 씨 은행이 몇 시에 문을 닫나요?

도　디 : 보통 2시에 닫아요. 벌써 닫았어요. 왜 그러세요?

김수민 : 환전을 하려고요. 지갑이 텅 비었어요. 그럼, 이 시간에는 어디에서 환전을 할 수 있나요?

도　디 : 우리 사무실 건물 오른쪽에 있는 쇼핑센터 내의 환전소에서 할 수 있어요.

김수민 : 환전소 환율이 은행과 같은가요?

도　디 : 큰 차이가 없는 걸로 알고 있어요. 미화를 루피아로 바꾸는 경우 어떤 때는 환전소 환율이 더 좋아요.

김수민 : 환전소는 몇 시까지 영업을 하나요?

도　디 : 밤늦게 까지 해요.

김수민 : 그러면, 퇴근 때 잠시 들르면 되겠네요.

Ungkapan

setahu saya

'내가 알기로는'의 뜻으로 se-는 동사와 결합하여 '~하는 만큼' 또는 '~하는 한'의 의미를 가진다. semau(원하는 만큼), seingat saya(내 기억으로는)처럼 활용된다.

tidak jauh berbeda

jauh가 형용사 앞에서 '훨씬'의 의미로 사용된다.

money changer

영어 단어이지만 '환전소'라는 뜻으로 널리 사용된다. 환전소 간판이나 매장 전면 창에 쓰여 있는 걸 볼 수 있다.

Tata Bahasa

-nya의 활용

1. 3인칭대명사의 소유격 및 목적격 형태
   Dia sedang mengendarai mobilnya.
   그는 지금 자기 차를 운전하고 있다.
   Dia sangat mencintainya.
   그는 그녀를 무척 사랑한다.

2. 영어의 정관사 the의 의미
   Gedung sekolahnya sudah lama.
   그 학교 건물은 낡았다.

3. 형용사의 명사화
   Tingginya pohon itu hampir 20 meter.
   그 나무의 높이는 거의 20미터이다.

4. 부사화
   Sebenarnya dia orang kaya.
   사실 그는 부자이다.
   Biasanya pegawai kantor tidak bekerja pada hari Sabtu.
   일반적으로 회사원들은 토요일에 근무하지 않는다.
   Akhirnya orang yang bersemangat itu berhasil.
   결국 의욕적인 사람은 성공한다.

Mengenal Indonesia | 환전

Menukar uang

인도네시아에서 근무하는 외국인들은 대부분 급여를 달러로 받는다. 그러므로 필요할 때마다 달러를 루피아로 환전해서 사용한다. 환전은 은행과 환전소에서 할 수 있는데, 은행과 환전소의 환율은 약간 차이가 있다. 또한 화폐의 단위에 따라 환율이 다르게 적용되는데 고액일수록 유리하다. 달러에 낙서, 도장 구김이 있으면 환전이 안되거나 낮은 환율이 적용된다. 그밖에 발행 년도가 너무 오래 지난 달러도 환전이 안되거나 낮은 환율이 적용된다.

한국제품을 포함한 다양한 종류의 외국브랜드의 상품들을 쉽게 접할 수 있으며 한국 기업에 대한 이미지는 좋은 편이다.

Barang impor

외국브랜드

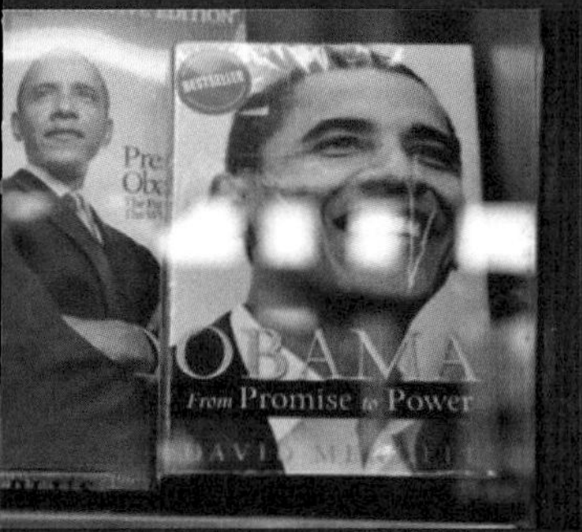

Jalan ke luar kota Jakarta
자카르타 외곽으로 향하는 도로 풍경

BAGIAN 12

41 택시를 불러 주세요

42 어디까지 가십니까?

43 저는 이제 오젝 타는 것에 익숙해요

택시를 불러 주세요
Tolong panggilkan taksi
똘롱 빵길깐 딱시

41 Pelajaran

상대방에게 도움을 요청하는 tolong**과** mohon**, 권유를 표현하는** silhkan**, 청유를 나타내는** mari kita **등의 활용법을 익혀 실생활에서 사용하도록 한다.**

percakapan

Kim Su-min: Tuti, sopir sudah masuk?
뚜띠 소삐르 수다 마숙

Tuti: Belum.
블룸

Kim Su-min: Coba telepon dia.
쪼바 뗄레뽄 디아

Tuti: Tuan, sopir tidak bisa masuk hari ini karena sakit.
뚜안 소삐르 띠닥 비사 마숙 하리 이니 까르나 사낏

Kim Su-min: Kalau begitu, bagaimana saya ke kantor?
깔라우 브기뚜 바가이마나 사야 끄 깐또르

Tuti: Pakai taksi saja, Tuan.
빠까이 딱시 사자 뚜안

Kim Su-min: Tidak ada pilihan lain.
띠닥 아다 삘리한 라인

Tolong panggilkan taksi. Kalau bisa, cari Blue Bird.
똘롱 빵길깐 딱시 깔라우 비사 짜리 블루 버드

Tuti: Ya, saya usahakan.
야 사야 우사하깐

Kosakata

panggilkan(memanggilkan) 불러주다
pakai(memakai) 타다
pilihan 선택
taksi 택시
bus 버스
truk 트럭
sepeda 자전거
sepeda motor 오토바이
kereta api 기차
pesawat terbang 비행기
kapal laut 배

김수민 : 뚜띠, 기사 왔니?

뚜　띠 : 아직이요.

김수민 : 기사한테 전화해봐라.

뚜　띠 : 기사가 아파서 오늘 못 나온다는데요.

김수민 : 그러면 나는 사무실에 어떻게 가지?

뚜　띠 : 택시 타세요.

김수민 : 선택의 여지가 없군. 택시 불러와라. 가능하면 블루버드로 찾아 봐.

뚜　띠 : 네, 그럴께요.

Ungkapan

pakai taksi

'택시를 타세요' 의 뜻이며, naik taksi도 같은 뜻이다. 보통 pakai는 교통수단을 나타내는 단어와 함께 쓰여 '~를 타다" 또는 '~를 이용하다' 로 사용된다.

tidak ada pilihan lain

직역하면 '다른 선택이 없군' 이며 '어쩔 수 없다' 를 나타낸다. 이런 상황에 사용할 수 있는 또 다른 표현은 tanggung인데, '감수하다' 의 뜻이다.

kalau bisa

가정을 나타내는 kalau와 가능을 나타내는 bisa를 함께 사용하여 '가능하다면' 을 나타내며, 회화에서 자주 사용하는 표현이다.

Tata Bahasa

부탁, 권유의 표현

1. **Tolong+동사**
   Tolong berkumpul di sini.
   이곳에 모여주세요.
   Tolong sampaikan salam saya kepada istri Anda.
   당신의 아내에게 안부전해 주세요.

2. **Mohon+동사**
   Mohon tunggu sebentar.
   잠시만 기다려 주십시요.

3. **Silakan+동사**
   Silakan beristirahat dahulu.
   일단 쉬시지요.

4. **Mari(kita)+동사/Ayo (kita)+동사**
   Mari kita berangkat sekarang.
   우리 지금 다같이 출발합시다.
   Ayo kita dengar lagunya.
   우리 다 함께 그의 노래를 들읍시다.

Mengenal Indonesia | 교통수단–마차 Transportasi - Dokar

인도네시아에는 많은 교통수단이 있다. 그 중 마차는 인도네시아 서민들이 즐겨 사용하는 교통 수단 중 하나이다. 승객을 태우고 유유히 자동차 사이를 달리는 마차는 자카르타를 제외한 인도네시아 전역에서 쉽게 찾아 볼 수 있다. 마차의 명칭은 지역마다 다른데, 죡자카르타와 솔로 지역에서는 안동(Andong)이라고 하고, 자카르타에서는 사도(Sado), 그리고 그 밖의 지역에서는 벤디(Bendi)나 델만(Delman)이라고 부른다.

Dokar dan Becak

마차와 인력거

Sekilas Indonesia | 자카르타에서는 보기 힘들지만 그 밖의 지역에서는 서민들의 주요 교통수단이다.

어디까지 가십니까? Ke mana tujuannya?
끄 마나 뚜주안냐

42
Pelajaran

전화로 택시를 예약할 때 사용하는 표현들을 익히며, 수동태 문형을 학습한다.

percakapan

Operator: Selamat malam, Taksi Blue Bird.
슬라맛 말람 딱시 불루 버드

Kim Su-min: Selamat malam, saya mau memesan taksi untuk besok.
슬라맛 말람 사야 마우 므므산 딱시 운뚝 베속

Operator: Betulkah alamat Bapak Jalan Cilandak No. 7?
브뚤까 알라맛 바빡 잘란 찔란닥 노모르 뚜주

Kim Su-min: Betul.
브뚤

Operator: Ke mana tujuannya?
끄 마나 뚜주안냐

Kim Su-min: Ke Bandar udara Cengkareng.
끄 반다르 우다라 쯩까렝

Operator: Untuk kapan?
운뚝 까빤

Kim Su-min: Untuk pukul tujuh pagi besok.
운뚝 뿌꿀 뚜주 빠기 베속

Operator: Atas nama siapa?
아따스 나마 시아빠

Kim Su-min: Atas nama Kim Su-min.
아따스 나마 김 수민

Operator: Bapak Kim Su-min sudah memesan satu taksi untuk pukul tujuh
바빡 김 수민 수다 므므산 사뚜 딱시 운뚝 뿌꿀 뚜주
pagi besok ke Bandar udara Cengkareng. Kami akan mengirim
빠기 베속 끄 반다르 우다라 쯩까렝 까미 아깐 믕이림
satu taksi pada waktu tepat.
사뚜 딱시 빠다 왁뚜 뜨빳

Kosakata

tujuan 목적지
memesan 예약하다, 주문하다
alamat 주소
Bandar udara Cengkareng 수카르노 하따 (Soekarno Hatta) 공항의 다른 표현
waktu tepat 정시

안내원 : 안녕하세요, 블루버드택시입니다.

김수민 : 안녕하세요, 내일 택시예약을 하려고 하는데요.

안내원 : 주소가 찔란닥가 7번지 맞나요?

김수민 : 맞아요.

안내원 : 목적지가 어디세요?

김수민 : 쯩까렝 공항이요.

안내원 : 언제 보내 드릴까요?

김수민 : 내일 아침 7시요.

안내원 : 어느 분 성함으로 예약해 드릴까요?

김수민 : 김수민이요.

안내원 : 김수민 씨께서는 내일 아침 7시 쯩까렝 공항에 갈 택시를 예약하셨습니다. 내일 아침 정해진 시간에 보내드리겠습니다.

Ungkapan

ke Bandar Udara Cengkareng

인도네시아 자카르타에 위치한 국제공항. 원래 이름은 인도네시아 초대 대통령과 부통령의 이름을 딴 Bandar Udara Soekarno Hatta이지만, 공항이 위치한 지역명을 사용하여 Bandar Udara Cengkareng이라고도 한다. 또한 공항을 나타내는 bandar udara를 영어 airport로 쓰는 경우도 많다.

pada waktu tepat

'정시에' 의 뜻이다. pada는 시간 앞에 사용하는 전치사이고, waktu와 tepat 사이에 yang을 써서 pada waktu yang tepat 이라고도 사용할 수 있다.

Tata Bahasa

수동태

1. 능동문의 목적어+di-동사(원형)+oleh+능동문의 주어

Rusli membeli majalah itu kemarin. 루슬리는 어제 그 잡지를 샀다.
→ Majalah itu dibeli oleh Rusli kemarin. 그 잡지는 어제 루슬리에 의해 사졌다.

Dia tidak membawa tas. 그는 가방을 가지고 오지 않았다.
→ Tas tidak dibawa olehnya. 가방은 그가 가져가지 않았다.

2. 능동문의 목적어+능동문의 주어+동사(원형)

Saya membeli majalah itu kemarin. 나는 그 잡지를 어제 샀다.
→ Majalah itu saya beli kemarin. 그 잡지는 어제 내가 샀다.
Anda tidak pernah mengunjungi Korea. 당신은 한국을 방문한 적이 없다.
→ Korea tidak pernah anda kunjungi. 한국을 당신이 방문한 적은 없다.
☞ 능동문의 주어가 3인칭 단수 (dia/ia)를 제외한 인칭대명사일 때 사용

3. ter- 수동태 : 완료, 의도하지 않은 행동을 나타냄

Toko buku itu sudah tertutup. 그 서점은 이미 문이 닫혀있었다.(완료)
Saya sering tertidur di bus. 나는 종종 버스에서 잠이 든다.(의도하지 않은 행동)

4. ke-an 수동태 : '당하다'의 의미

Saya kehujanan kemarin. 어제 나는 비를 맞았다.

Mengenal Indonesia

교통수단–택시
Transportasi - taksi

자카르타에서 영업중인 택시의 종류는 매우 많다. 그러나 외국인뿐 아니라 현지인들 조차도 블루버드(Blue Bird) 택시를 타라고 조언을 아끼지 않는다. 하늘색 바탕에 파란 새 로고가 그려진 이 택시가 자카르타에서 제일 안전하다는 평을 듣는다. 블루버드 택시의 운전수는 친절하며 항상 미터기를 사용하기 때문에 바가지 요금 같은 택시 횡포가 잘 없다. 또한 실버버드(Silver Bird)라고 불리는 고급택시도 블루버드 택시회사에서 운영하는 택시이므로 안심하고 이용할 수 있다. 블루버드와 실버버드는 전화호출이 가능하며 호텔이나 대형쇼핑센터에서 상시 대기한다. 밖에서 택시를 이용하는 경우 길가에서 택시를 잡는 것 보다 가까운 호텔이나 쇼핑센터로 가서 대기중인 택시를 타는 것이 안전하다.

Taksi dan bus

택시와 버스

Sekilas Indonesia | 인도네시아에서는 택시, 크고 작은 버스, 그리고 삼륜차에 이르기 까지 바퀴 달린 것은 모두 대중교통수단으로 사용된다.

저는 이제 오젝타는 것에 익숙해요
Saya sudah biasa naik ojek
사야 수다 비아사 나익 오젝

43 Pelajaran

'이제 익숙해요' 또는 '습관이 됐어요'의 표현인 sudah biasa**를 이해하고 잘 사용하도록 하며** me-kan **동사에 대해 학습한다.**

percakapan

Dodi: Maaf, saya terlambat.
마압 사야 뜨를람밧

Kim Su-min: Tidak apa-apa tapi kenapa Pak Dodi terlambat?
띠닥 아빠-아빠 따삐 끄나빠 빡 도디 뜨를람밧

Dodi: Mobil saya rusak. Jadi saya pakai ojek.
모빌 사야 루삭 자디 사야 빠까이 오젝

Kim Su-min: Apa itu ojek?
아빠 이뚜 오젝

Dodi: Ojek adalah sepeda motor yang menumpangkan orang dengan dibayar.
오젝 아달라 스뻬다 모또르양 므눔빵깐 오랑 등안 디바야르

Kim Su-min: Saya pernah melihatnya di jalan.
사야 쁘르나 믈리핫냐 디 잘란

Tetapi saya belum pernah menggunakannya.
뜨따비 사야 블룸 쁘르나 믕구나깐냐

Apa itu tidak berbahaya?
아빠 이뚜 띠닥 브르바하야

Dodi: Tidak, itu tidak berbahaya. Saya sudah biasa naik ojek.
띠닥 이뚜 띠닥 브르바하야 사야 수다 비아사 나익 오젝

Kim Su-min: Berapa tarifnya?
브라빠 따립냐

Dodi: Tarif tidak ditentukan dan tergantung pada jarak jauhnya.
따립 띠닥 디뜬뚜깐 단 뜨르간뚱 빠다 자락 자우냐

Dari rumah saya ke kantor saya membayar sepuluh ribu rupiah.
다리 루마 사야 끄 깐또르 사야 믐바야르 스뿔루 리부 루삐아

Kosakata

biasa 익숙한
ojek 영업용 오토바이
rusak 고장난
menumpangkan ~을 태우다
melihat ~을 보다
menggunakan ~을 사용하다
berbahaya 위험한
tarif 요금
ditentukan 결정되다, 확정되다
tergantung ~에 의존하다, ~에 달려있다
jarak jauh 거리

도　디 : 죄송해요, 늦었어요.

김수민 : 괜찮아요. 그런데 왜 늦었어요?

도　디 : 제 차가 고장이 났어요. 그래서 오젝을 타고 오느라 늦었어요.

김수민 : 오젝이 뭐예요?

도　디 : 오젝은 영업용 오토바이예요.

김수민 : 나도 길에서 본적이 있어요. 그런데 아직 못 타봤어요. 위험하지 않나요?

도　디 : 안 위험해요. 저는 오젝을 타는 것에 익숙해요.

김수민 : 요금은 얼마나 해요?

도　디 : 정해져 있지 않고 거리에 따라 달라요. 저희 집에서 사무실까지는 일만 루피아예요.

Ungkapan

ojek

영업용 오토바이로서 인도네시아 서민들이 자주 이용한다. 어디에서든지 흔히 볼 수 있다. 차가 다니기 어려운 좁은 길을 다니며 승객을 수송한다. 요금은 거리에 따라 흥정을 해서 정한다.

Saya sudah biasa naik ojek.

sudah biasa는 '능숙하게 잘한다' 또는'일상이 되다'뜻으로 일상 회화에서 자주 사용된다. sudah biasa 뒤에 구체적 동작을 언급하면 된다.

Berapa tarifnya?

요금을 묻는 표현이다. 특히 tarif은 택시요금, 호텔료, 입장료 같은 것을 지칭한다.

tergantung pada

'~에 달려있다' 의 뜻

Tata Bahasa

me-kan 동사

1. 사역동사

Dia memasukkan bukunya ke dalam tas.	그는 책을 가방안에 넣었다.
Ibumenidurkanbayi di dalamkamar.	어머니는 방에서 아기를 재운다.

2. me-형용사-kan : ~되게 만들다

Ibu mendinginkan minuman di dalam kulkas.

어머니는 음료수를 냉장고에서 차게 만들었다.

3. me-kan 동사+간접목적어+직접목적어 : ~에게 ~을 해주다

Yanto membelikan pacarnya bunga mawar.

얀또는 그의 애인에게 장미꽃을 사주었다.

☞ 꼭 구별해야 하는 me-동사와 me-kan 동사

Saya **meminjam** sebuah mobil dari teman.	나는 친구에게서 차 한 대를 **빌렸다.**
Saya **meminjamkan** sebuah mobil kepada teman.	난 친구에게 차 한 대를 **빌려주었다.**
Kami **menyewa** rumah di Jakarta.	우리는 자카르타에 집을 **세 얻었다.**
Kami **menyewakan** rumah yang ada di Bogor.	우리는 보고르에 있는 집을 **세놓았다.**
Nenek saya sudah **meninggal** tahun lalu.	나의 할머니는 작년에 **돌아가셨다.**

Nenek **meninggalkan** sebuah rumah untuk kami.

할머니는 우리를 위해 집 한 채를 **남겨놓으셨다.**

Mengenal Indonesia

| 교통수단-영업용 오토바이
Transportasi - ojek

오토바이를 이용한 교통수단으로 주로 좁은 골목길이나 교통시설이 미비한 지역에서 승객을 수송한다. 대개 오젝은 동네 입구에 무리를 지어 모여 있다가 버스에서 내리는 사람들을 집 앞까지 데려다 준다. 또한 거리를 불문하고 승객이 원하는 곳이면 어디라도 데려다 준다.

Sepeda motor

오토바이

Sekilas Indonesia | 영업용인 오젝(ojek)의 용도외에 오토바이는 서민들의 자가용으로 애용된다.

Pemetik teh
차 밭에서 차 잎을 따는 사람들

BAGIAN 13

44 우리 기사가 일을 그만 두겠대요
45 일해봤어요?
46 이번 주말에는 휴가를 갈 수 없어요
47 맛 있는 거 사먹어

우리 기사가 일을 그만 두겠데요

Sopir saya mau berhenti bekerja

소삐르 사야 마우 브르흔띠 브끄르자

44 Pelajaran

me-i 동사를 이해하고 활용 면에서 me-kan동사와 구별할 수 있도록 한다.

percakapan

Kim Su-min : Pak Dodi, boleh saya minta tolong?
빡 도디 볼레 사야 민따 똘롱

Dodi : Minta tolong apa?
민따 똘롱 아빠

Kim Su-min : Tolong carikan seorang sopir untuk saya karena sopir saya
똘롱 짜리깐 스오랑 소삐르 운뚝 사야 까르나 소삐르 사야
mau berhenti bekerja.
마우 브르흔띠 브끄르자

Dodi : Mengapa dia mau berhenti bekerja?
믕아빠 디아 마우 브르흔띠 브끄르자

Kim Su-min : Katanya dia pulang ke kampung supaya tinggal bersama
까따냐 디아 뿔랑 끄 깜뿡 수빠야 띵갈 브르사마
dengan keluarganya.
등안 끌루아르가냐

Dodi : Oh, begitu. Sekarang ini tidak mudah mencari sopir baru.
오 브기뚜 스까랑 이니 띠닥 무다 믄짜리 소삐르 바루
Setelah hari raya baru ada banyak.
스뜰라 하리 라야 바루 아다 바냑

Kim Su-min : Tanggung. Tapi kalau ada, tolong beritahu saya.
땅궁 브루무르 따삐 깔라우 아다 똘롱 브리따후 사야

Dodi : Tentu saja.
뜬뚜 사자

Kosakata

berhenti 그만두다, 멈추다
minta tolong 도와주세요
carikan(mencarikan) 찾아주다
sekarang ini 요즘
hari raya 명절
tanggung 당하다, 책임지다
beritahu(memberitahu) 알려주다

김수민 : 도디 씨, 도움을 청해도 될까요?

도　디 : 무엇을 도와 드릴까요?

김수민 : 우리 기사가 일을 그만 두겠데요. 새 기사를 찾아 봐 주세요.

도　디 : 왜 그만 둔데요?

김수민 : 고향에 가서 가족들과 함께 산데요.

도　디 : 그래요? 요즘 기사 구하기가 쉽지 않아요. 명절이 지나면 많을 거예요.

김수민 : 어쩔 수 없지요. 혹시 있으면 알려 주세요.

도　디 : 당연하지요.

Ungkapan

boleh saya minta tolong?

'도움을 청해도 될까요?' 의 뜻. boleh는 허가를 나타내며, 의문문에서 bolehkah로 사용되기도 한다.

sekarang ini

'요즘' 의 뜻이며, 동의어로 baru-baru ini, terakhir ini, dewasa ini 등이 있다.

tidak mudah mencari

'찾는 것이 쉽지 않다' 의 뜻이며 형용사는 동사 앞에서 부사의 역할을 한다.

Tata Bahasa

me-i 동사

1. 전치사를 대신함.
   Murid-murid **memasuki** ruang kelas itu. 학생들이 교실로 들어간다.
   = Murid-murid **masuk ke** ruang kelas itu.
   Orang yang tua **menaiki** gunung. 노인이 산을 올라간다.
   = Orang yang tua **naik ke** gunung.

2. 반복 동작을 나타냄
   Anak itu **menciumi** ibunya ketika berpisah dengannya.
   그 아이는 어머니와 헤어질 때 계속해서 입을 맞춘다.

3. me-형용사-i : ~이 되게 만들다
   Ayah **menakuti** anaknya yang nakal itu.
   아버지는 그 개구장이 아들을 겁준다.

   ☞ me-kan 동사와 me-i 동사의 쓰임

   Pemerintah menaikkan harga barang. 정부는 물가를 인상한다.
   Pegawai menaikilan taidua. 직원이 2층으로 올라간다.

   Pria itu memasukkan uang ke dalam dompetnya. 그 남자는 지갑에 돈을 넣었다.
   Pencuri memasuki rumah kami semalam. 지난 밤 도둑이 우리집에 들어왔다.

   ☞ me-kan 동사는 목적어가 동사가 나타내는 행동을 하며 me-i 동사는 주어가 동사가 나타내는 동작을 한다.

Mengenal Indonesia | 귀성 Mudik

인도네시아 최대 명절인 르바란이 되면 모든 인도네시아 사람들은 우리의 추석, 설날처럼 대이동을 한다. 한달 전부터 열차표 예매를 시작하고 밤새 줄을 서서 표를 사고, 고향에 입고 갈 새 옷을 마련하고, 선물을 고르는 등 우리가 명절을 맞이하는 모습과 조금도 다를 바 없다. 다만 영토가 넓고 인구가 많다 보니 고향에 한번 가기 위해 전쟁 아닌 전쟁을 치러야 한다. 그야말로 산 넘고 바다 건너야 고향 땅을 밟을 수 있는 경우도 허다하다. 이런 명절의 대이동을 인도네시아어로 무딕(mudik)이라고 한다.

Pemandangan di perkampungan

시골풍경

일해 봤어요?

Apakah Anda sudah mempunyai pengalaman kerja?
아빠까 안다 수다 믐뿌냐이 뻥알라만 끄르자

45 Pelajaran

기사나 가정부 등을 고용하는 과정에서 사용할 수 있는 표현들을 학습하며, 명사화 접사 pe-an을 이해하고 활용한다.

percakapan

Kim Su-min: Siapa nama Anda dan berapa umur Anda?
시아빠 나마 안다 단 브라빠 우무르 안다

Calon pembantu: Saya Sri dan berumur delapan belas tahun.
사야 스리 단 브루무르 들라빤 블라스 따훈

Kim Su-min: Anda berasal dari mana?
안다 브라살 다리 마나

Calon pembantu: Dari Jawa Tengah.
다리 자와 뜽아

Kim Su-min: Apakah Anda sudah mempunyai pengalaman kerja?
아빠까 안다 수다 믐뿌냐이 뻥알라만 끄르자

Calon pembantu: Ya, saya sudah empat tahun bekerja di rumah orang Korea.
야 사야 수다 음빳 따훈 브끄르자 디 루마 오랑 꼬레아

Kim Su-min: Berapa gaji yang ingin Anda dapat?
브라빠 가지 양 잉인 안다 다빳

Calon pembantu: Saya ingin mendapat gaji enam ratus ribu rupiah perbulan.
사야 잉인 믄다빳 가지 으남 라뚜스 리부 루삐아 쁘르불란

Kim Su-min: Cukup besar. Bagaimana kalau Anda mencoba bekerja di rumah saya selama satu bulan dengan gaji lima ratus ribu rupiah? Kalau kita cocok, baru menentukan persyaratan termasuk gaji.
쭈꿉 브사르 바가이마나 깔라우 안다 믄쪼바 브끄르자 디 루마 사야 슬라마 사뚜 불란 등안 가지 리마 라뚜스 리부 루삐아 깔라우 끼따 쪼쪽 바루 므는뚜깐 쁘르샤랏딴 뜨르마숙 가지

Kosakata

pengalaman 경험
calon 예정자, 후보
pembantu 가정부
berasal ~출신이다
gaji 임금
persyaratan 조건, 규정
termasuk 포함되다

김수민 : 이름이 무엇이고 나이는 몇 살이예요?

가정부 예정자 : 스리예요. 나이는 18세이고요.

김수민 : 고향은 어디예요?

가정부 예정자 : 중부자바예요.

김수민 : 일은 해봤어요?

가정부 예정자 : 네, 한국사람 집에서 4 년 동안 일을 했어요.

김수민 : 월급은 얼마를 원해요?

가정부 예정자 : 한 달에 육십만 루피아요.

김수민 : 꽤 많군요. 오십만 루피아를 줄테니 한 달 동안 우리 집에서 일을 해 볼래요? 만약 우리가 서로 잘 맞으면 그 때 월급을 포함해서 조건을 다시 조정하고요.

Ungkapan

mempunyai pengalaman kerja?

'일 해본 경험이 있어요?'의 뜻이다. '경험하다'의 뜻을 가진 동사 berpengalaman를 사용하여 Anda berpengalaman kerja?로 사용해도 된다.

berasal dari

'~출신이다'를 나타낼 때 쓰인다. Saya berasal dari Korea. (나는 한국사람이다.)

sudah 4 tahun bekerja

sudah+기간+동사는 '~기간 동안 이미 ~하다'의 뜻이며, 동사+selama+기간으로 활용 가능하다. Saya sudah 4 tahun bekerja. = Saya sudah bekerja selama 4 tahun.

Tata Bahasa

명사화 접사 pe(r)-an

명사, 동사, 형용사와 결합하여 파생명사를 만들며 ber-접두사를 취하는 동사 어근은 per-an, me-접두사를 취하는 동사는 pe-an의 형태를 취한다. 이 때 me- 비음화가 그대로 적용된다. 어근과 관련된 동작의 과정, 결과, 사실을 나타낸다.

Pertemuan kita sudah ditakdirkan. (bertemu)
우리의 만남은 숙명이다.
Pertanyaan itu belum dijawab. (bertanya)
그 질문은 아직 대답을 얻지 못했다.
Upacara **pemberian** hadiah itu diadakan di sebuah hotel. (memberi)
그 상의 수여식은 한 호텔에서 행해졌다.
Penolongan sangat dibutuhkan sekarang bagi mereka. (menolong)
현재 그들에게 도움이 매우 필요하다.
Pengalaman itu sangat penting. (mengalami)
그 경험은 매우 중요하다.

Mengenal Indonesia

| 인도네시아인 이해하기
Memahami orang Indonesia

1. 인도네시아 사람들은 오른 손과 왼손을 구분해서 사용한다.
2. 머리는 영혼이 깃든 곳이라고 생각하기 때문에 만지는 것을 싫어한다.
3. 술을 마시지 않는다.
4. 하루에 5번 꼭 기도해야 한다.
5. 금요일에는 사원에 가서 예배를 드린다.
6. 돼지고기를 먹지 않는다.
7. 직설적인 표현을 좋아 하지 않는다.

Kehidupan orang Indonesia

인도네시아인들의 생활

이번 주말에는 휴가를 갈 수 없어요

Anda tidak boleh mengambil cuti pada akhir minggu ini
안다 띠닥 볼레 릉암빌 쭈띠 빠다 아키르 밍구 이니

46
Pelajaran

휴가나 외출 문제로 고용인과의 의견을 조율하는 과정에서 사용할 수 있는 표현을 익히고 명사화 접사 pe-의 기능을 이해한다.

percakapan

Tuti: Nyonya, Bolehkah saya ambil cuti pada akhir minggu ini?
뇨냐 볼레까 사야 암빌 쭈띠 빠다 아키르 밍구 이니

Nyonya Kim: Minggu yang lalu Anda sudah mengambil cuti, bukan?
밍구 양 랄루 안다 수다 릉암빌 쭈띠 부깐

Tuti: Ya, betul. Tetapi saya perlu bertemu dengan saudara saya untuk menitip uang. Karena minggu depan dia pulang ke kampung.
야 브뚤뜨 따삐 사야 쁘를루 브르뜨무 등안 소다라 사야 운뚝 므니띱 우앙 까르나 밍구 드빤 디아 뿔랑 끄 깜뿡

Nyonya Kim: Tuti, Anda tidak boleh pergi pada akhir minggu ini karena ada acara makan malam di rumah kami. Anda harus membantu saya memasak.
뚜띠 안다 띠닥 볼레 쁘르기 빠다 아키르 밍구 이니 까르나 아다 아짜라 마깐 말람 디 루마 까미 안다 하루스 븜반뚜 사야 므마삭

Tuti: Kalau begitu, bagaimana kalau saya mengambil cuti pada hari Senin depan? Saya pergi pagi dan pulang sore, Nyonya.
깔라우 브기뚜 바가이마나 깔라우 사야 릉암빌 쭈띠 빠다 하리 스닌 드빤 사야 쁘르기 빠기 단 뿔랑 소레 뇨냐

Nyonya Kim: Kalau hari Senin, boleh saja.
깔라우 하리 스닌 볼레 사자

Kosakata

saudara 사촌
menitip 맡기다
acara 행사
membantu 돕다
memasak 요리하다
mengambil ~을 가지다
cuti 휴가

뚜 띠 : 아주머니, 이번 주말에 휴가를 다녀와도 돼요?

뇨냐김 : 지난 주에 너 휴가 다녀왔잖니?

뚜 띠 : 네, 맞아요. 그런데, 다음 주에 고향에 가는 사촌에게 돈을 맡겨야 해서요.

뇨냐김 : 뚜띠, 이번 주말에는 안 돼. 집에서 저녁식사모임이 있어.
너는 내가 요리하는 걸 도와 줘야해.

뚜 띠 : 그러면 다음 주 월요일에 휴가를 주시면 안돼요? 아침에 갔다가 오후에 돌아 올께요.

뇨냐김 : 월요일이라면 좋아.

Ungkapan

akhir minggu

'주말'의 뜻. 동의어는 akhir pekan이다. 기간의 처음, 중간, 마지막을 나타낼 때 기간 앞에 awal(초), pertengahan(중), akhir(말)를 두어 활용한다.

mengambil cuti

휴가를 내다'의 뜻. 동사 mengambil은 영어의 take의 의미로, mengambil foto(사진을 찍다), mengambil hati(마음을 얻다), mengambil putusan(결정을 내리다), mengambil kesempatan(기회를 얻다)등으로 활용된다.

saudara

동년배이거나 화자보다 어린 사람에게 사용하는 2인칭 호칭어로서의 기능 이외에 '형제, 자매, 사촌, 친족'등 매우 많은 의미를 가지고 있다. 특히 여성에게는 saudari를 사용하기도 한다.

Tata Bahasa

명사화 접두사 pe-

명사, 동사, 형용사 어근에 접두 되어 어근과 관련된 행동을 하는 사람 또는 도구를 나타낸다. pe-는 동사화 접두사 me-의 비음화 과정을 따른다. ber-접두사를 취하는 어근에는 무조건 pe-만 접두된다.

Pak Dodi seorang perokok. (merokok)
도디 씨는 흡연자 이다.
Kemarin seorang pencuri masuk ke dalam rumahku. (mencuri)
어제 우리 집에 도둑이 들었다.
Rini adalah pengajar bahasa Inggris di sekolah anak saya. (mengajar)
리니는 내 아이 학교의 영어 선생님이다.
Guru itu bertanya kepada seorang pelajar. (belajar)
그 선생님은 한 학생에게 질문을 했다.
Mereka adalah penggemar penyanyi Korea. (menggemar)
그들은 한국 가수의 팬이다.
Dia bukan pemalas. (malas)
그는 게으름뱅이가 아니다.

Mengenal Indonesia | 생활언어 Bahasa sehari-hari

인도네시아어는 표준 인도네시아어와 비 표준 인도네시아어로 나뉠 수 있다. 일상 생활에서는 비표준어가 많이 사용된다. 비 표준어에는 표준어의 문법을 파괴하고 사용하는 형태뿐 아니라 신조어, 외래어, 지방어 등이 포함된다. 자주 사용되는 몇몇 비표준어를 정리하면 다음과 같다.

gue :	나 (aku)	banget :	매우 (sekali)	lagi :	~중이다(sedang)
lu :	너 (kamu)	kangen :	그립다 (rindu)	kasih :	주다 (memberi)
duit :	돈 (uang)	doyan :	좋아하다 (suka)	bikin :	만들다 (membuat)
gampang :	쉬운 (mudah)	doang :	뿐, 도(saja)		

Universitas Indonesia (UI)

인도네시아 국립대학교

Sekilas Indonesia | 인도네시아 국립대학교는 외국인을 위한 인도네시아어 교육 과정인 BIPA로 유명하며 한국어과가 설립되어 있다.

맛있는 거 사 먹어
Ini uang jajan untuk kamu
이니 우앙 자잔 운뚝 까무

Pelajaran 47

고용인을 칭찬하거나 노고를 치하할 때 사용하는 표현을 살펴보고, 명사화 접사 ke-an**과** -an**의 쓰임을 이해하고 사용한다.**

percakapan

Nyonya Kim: Sudah beres semua?
수다 베레스 스무아

Tuti: Ya, sudah. Nyonya, bagaimana sisa makanannya?
야 수다 뇨냐 바가이마나 시사 마까난냐

Nyonya Kim: Simpan saja di dalam kulkas.
심빤 사자 디 달람 꿀까스

Kemudian itu kamu istirahat saja.
끄므디안 이뚜 까무 이스띠라핫 사자

Mungkin kamu capek sekali karena banyak pekerjaan hari ini.
뭉낀 까무 짜뻬 스깔리 까르나 바냑 쁘끄르자안 하리 이니

Tuti: Ya, Nyonya.
야 뇨냐

Nyonya Kim: Tuti, ini uang jajan untuk kamu.
뚜띠 이니 우앙 자잔 운뚝 까무

Terima kasih hari ini.
뜨리마 까시 하리 이니

Tuti: Terima kasih, Nyonya.
뜨리마 까시 뇨냐

Kosakata

jajan 군것질
beres 정리하다
sisa 나머지
simpan(menyimpan) 보관하다
kulkas 냉장고
kompor 가스렌지
oven 오븐
piring 접시
mangkuk 대접
cangkir 찻잔
gelas 유리컵
sendok 숟가락
garpu 포크
sumpit 젓가락
pisau 칼
talenan 도마
panci 냄비
wajan 프라이팬
lap 행주

뇨냐김 : 다 정리했니?

뚜 띠 : 네, 다했어요. 아주머니, 남은 음식은 어떻게 해요?

뇨냐김 : 냉장고에 넣어 두어라. 그리고 너도 쉬어. 오늘 일을 많이 해서 피곤할거야.

뚜 띠 : 네, 아주머니.

뇨냐김 : 뚜띠, 이 돈으로 맛있는 거 사 먹거라. 오늘 수고했어.

뚜 띠 : 고맙습니다.

Ungkapan

saja

'단지, 오직, 조차…' 많은 의미를 가진 단어이다. 그러나 문장 내에서 단어의 사전적 의미보다는 화자의 의도나 환경적 여건을 나타내는 역할을 한다.

uang jajan

uang은 '돈'이고, jajan은 '군것질'이다. 따라서 가정부나, 기사 등에게 수고에 대한 감사를 표현하기 위해 용돈을 줄 때 사용할 수 있다. 남자에게는 jajan 대신에 rokok을 써서uang rokok이라고 하면 '담뱃값 하세요'하는 표현이 된다. 아니면 그 뒤에 saja를 붙여 uang rokok saja 라고 말하면 '담뱃값이나 하세요'가 된다.

terima kasih hari ini.

한국어의 '수고하세요' 또는 '수고하셨습니다'는 인도네시아어에 없다. 그러므로 작업 종료전에는 selamat bekerja (열심히 일하세요)로 종료 후에는 terima kasih(감사합니다)로 표현한다.

Tata Bahasa

명사화 접사 -an

1. 어근의 동작의 결과를 나타낸다.
   Bacaan ini tidak cocok untuk anak-anak. 이 책은 아이들에게 맞지 않는다.
   Beliau adalah **atasan** saya. 그 분은 나의 상사 이다.
2. 수사-an은 다수를 의미한다.
   Ratusan orang berkumpul di alun-alun. 수백명의 사람이 광장에 모였다.
   Korea mulai berkembang pada tahun **1970-an.**
   1970년대에 한국은 발전하기 시작했다.

명사화 접사 ke-an

1. ke-형용사-an : 추상명사를 만든다.
   Kesehatan adalah modal kita yang utama. 건강은 우리의 중요한 자산이다.
2. ke-동사-an : 명사를 만든다.
   Kehidupannya tidak bahagia. 그의 삶은 행복하지 못했다.
3. ke-명사-an : 공적인 장소, 학문을 나타낸다.
   Di mana **kedutaan** besar Korea? 한국 대사관은 어디에 있나요?
   Adik saya mahasiswa fakultas **kedokteran** UI.
   나의 동생은 인도네시아 국립대학교 의대생이다.
   ☞ 수동태 : '당하다' 의 의미.
   Dia **kehilangan** uang di jalan. 그는 길에서 돈을 잃어버렸다.

Mengenal Indonesia | 담뱃값 Uang rokok

인도네시아에는 팁 문화가 있다. 호텔이나 식당 같이 이미 팁을 주고 받는 것이 당연하게 생각되는 곳 이외에서도 봉사에 대한 대가를 은근히 기다린다. 그런데 재미있는 것은 팁을 받는 모습을 남이 보는 걸 싫어한다. 그래서 인도네시아에서 팁을 줄 때는 지폐를 손 안에 들어가게 접어 주먹을 쥔 채 재빨리 상대방의 손바닥에 전달한다. 이때 Terima kasih(감사합니다)라고 하기도 하고, Uang rokok saja (담뱃값 하세요)라고 하기도 한다. 이런 경우 외에 관공서 업무를 볼 때도 급행료 명분으로 담당자에게 돈을 주어야 할 때가 있다. 그럴 때는 맙(map)이라고 하는 덮개가 있는 종이 파일을 사용하는데, 돈을 위로 오게 해서 서류와 함께 파일에 넣어 전달한다.

매주 일요일 족자카르타 왕궁에서는 자바 전통무용 공연이 열린다.

Pementasan seni tradisional Jawa

자바 전통무용 공연

Candi Prambanan yang sedang dipulihkan
유네스코 관리하에 복원중인 쁘람바난 힌두사원

BAGIAN 14

48 왜 식사 안 하세요?

49 올해는 언제가 르바란인가요?

왜 식사 안하세요?
Mengapa Anda tidak makan?
믕아빠 안다 띠닥 마깐

48 Pelajaran

회화의 내용을 통해서 무슬림의 금식에 대해 이해하며 관련 용어를 학습한다. 문법에서는 반복어의 형태와 의미를 학습한다.

percakapan

Kim Su-min: Pak Dodi mengapa tidak makan?
빡 도디 믕아빠 띠닥 마깐

Dodi: Saya sedang berpuasa.
사야 스당 브르뿌아사

Kim Su-min: Mengapa Anda berpuasa?
믕아빠 안다 브르뿌아사

Dodi: Sekarang bulan Ramahdan.
스까랑 불란 라마단

Jadi orang beragama Islam wajib berpuasa selama satu bulan.
자디 오랑 브라가마 이슬람 와집 브르뿌아사 슬라마 사뚜 불란

Kim Su-min: Pak Dodi tidak makan sepanjang hari?
빡 도디 띠닥 마깐 스빤장 하리

Dodi: Tidak. Kami makan sebelum matahari terbit dan sesudah
띠닥 까미 마깐 스블룸 마따하리 뜨르빗 단 스수다
matahari terbenam.
마따하리 뜨르브남

Kim Su-min: Kira-kira pukul berapa Anda bisa makan hari ini?
끼라-끼라 뿌꿀 브라빠 안다 비사 마깐 하리 이니

Dodi: Kira-kira pukul enam malam nanti kami akan buka puasa.
끼라-끼라 뿌꿀 으남 말람 난띠 까미 아깐 부까 뿌아사

Kosakata

berpuasa 금식하다
bulan Ramahdan 이슬람력의 아홉번 째 달
beragama 종교를 가지다
wajib 의무적인
sepanjang ~내내
matahari 태양
terbit 떠오르다
terbenam 지다
buka puasa 금식해제
agama Islam 이슬람교
agama Kristen 기독교
agama Katolik 천주교
agama Buddha 불교
agama Hindu 힌두교
mesjid 이슬람 사원
gereja 교회
kuil/candi 사원

김수민 : 도디 씨, 왜 식사를 안 해요?

도 디 : 금식중 이예요.

김수민 : 왜 금식을 해요?

도 디 : 지금은 라마단 금식월이예요.

그래서 이슬람교도들은 의무적으로 한 달 동안 금식을 해야만 해요.

김수민 : 하루종일 아무 것도 안 먹어요?

도 디 : 아니요. 해가 뜨기 전과 해가 진 후에는 먹을 수 있어요.

김수민 : 오늘은 몇 시에 먹을 수 있어요?

도 디 : 오후 6시 경에 우리는 금식을 해제할 거예요.

Ungkapan

beragama Islam

종교를 말할 때 사용한다. Agama saya ~라고 해도 되지만, Saya beragama ~도 자주 사용된다. 그밖에, Saya orang Kristen 처럼 orang(사람)을 사용하여 말하기도 한다.

wajib

'~할 의무가 있다' 로써 harus (~해야한다) 보다 더 강한 의무를 나타낸다. wajib berpuasa(금식을 해야만 한다)나 wjib militer(국방의 의무가 있다)처럼 활용된다.

sepanjang hari

'하루 종일' 이라는 뜻이다. sepanjang hidup(일생동안), sepanjang umur(평생동안), sepanjang perjalanan(여정 내내)로 활용된다.

Tata Bahasa

반복어

1. 명사의 반복 : 복수
   Dia menjual **barang-barang** yang murah saja. 그는 싼 물건들만 판다.
   Pelajar-pelajar SD itu melakaukan karya wisata. 그 초등학생들은 현장학습을 간다.

2. 명사반복+an : 군집명사
   Buah-buahan yang manis dijual di pasar Santa.
   산타시장에서는 당도가 높은 과일을 판다.
   Kita harus banyak makan **sayur-sayuran** untuk hidup dengan sehat.
   건강하게 살기 위해서 우리는 야채를 많이 먹어야 한다.

3. 형용사 반복 : 강조
   Orang Korea suka makan makanan **pedas-pedas**.
   한국사람들은 아주 매운 음식을 좋아합니다.
   Pegawai itu **pintar-pintar**. 그 사원은 무척 똑똑하다.

4. 동사의 반복 : 상호작용
   Anak-anak itu **pukul-memukul**. 그 아이들은 서로 때렸다.
   Pemain sepak bola Korea dan Jepang **tukur-menukar** seragamnya.
   한,일 축구선수들이 유니폼을 서로 교환한다.

Mengenal Indonesia | 라마단 금식 Ibadah puasa

이슬람력의 아홉 번 째 달인 라마단(Ramadan)은 금식성월로 이슬람교을 믿는 모든 인도네시아인들은 라마단 달 내내 일출부터 일몰까지 의무적으로 금식을 한다. 이 기간 동안은 음식뿐 아니라 술, 담배, 부부관계도 금하여 절제의 삶을 살도록 한다. 해가 지고 금식을 해제하는 것을 인도네시아어로 부까 뿌아사(Buka Puasa)라고 하며 가족이나 친구 등을 초대해서 함께 금식을 해제하고 식사하는 것을 즐긴다. 직장인들의 경우 퇴근하고 집으로 가는 도중에 금식해제 시간을 맞을 수 있기 때문에 근처 식당에서 부까 뿌아사를 하고 귀가하는 사람들도 많다. 주문 폭주의 혼잡을 피하기 위해 미리 음식을 주문해서 테이블 앞에 갖다 놓고 기다리다가 텔레비전에서 금식해제 안내방송이 나오면 식당 안의 모든 손님이 일제히 식사를 하기도 한다.

Batik

바틱

Sekilas Indonesia | 전통염색기법인 바틱은 의류, 침구, 악세사리 등 쓰임이 다양하다.

올해는 언제가 르바란인가요?
Kapan Lebaran untuk tahun ini?
까빤 르바란 운뚝 따훈 이니

49
Pelajaran

르바란에 대해 이해하고 관련 용어를 학습하며 감탄문의 형태를 학습하여 활용한다.

percakapan

Kim Su-min: Pak Dodi dari mana sekarang?
빡 도디 다리 마나 스까랑

Dodi: Saya dari pasar. Saya menolong istri saya berbelanja.
사야 다리 빠사르 사야 므놀롱 이스뜨리 사야 브르블란자

Kim Su-min: Pak Dodi suami yang baik, ya?
빡 도디 수아미 양 바익 야

Dodi: Bukan begitu. Sebentar lagi hari raya Idul Fitri jadi banyak persiapan di rumah.
부깐 브기뚜 스븐따르 라기 하리 라야 이둘 피뜨리 자디 바냑 쁘르시압빤 디 루마

Kim Su-min: Maksudnya Lebaran? Kapan Lebaran untuk tahun ini?
막숫냐 르바란 까빤 르바란 운뚝 따훈 이니

Dodi: Lebaran jatuh pada tgl. dua puluh limaAgustus.
르바란 자뚜 빠다 땅갈 두아 뿔루리마 아구스뚜스

Kim Su-min: Biasanya berapa hari berlibur?
비아사냐 브라빠 하리 브를리부르

Dodi: Secara resmi dua hari berlibur tapi kebanyakan perusahaan berlibur kurang lebih satu minggu.
스짜라 르스미 두아 하리 브를리부르 따삐 끄바냑깐 쁘루사하안 브를리부르 꾸랑 르비 사뚜 밍구

Kosakata

hari raya Idul Fitri 르바란
persiapan 준비
maksud 의도
jatuh 떨어지다
tgl.(tanggal) 일
berlibur 쉬다
kebanyakan 대부분
kurang lebih 대략

김수민 : 도디 씨, 어디 갔다 와요?

도　디 : 시장이요. 아내가 쇼핑하는 걸 도와 주느라고요.

김수민 : 도디 씨는 좋은 남편이군요.

도　디 : 그렇지 않아요. 조금 있으면 이둘 피트리 명절인데, 집에 준비할 게 많아서요.

김수민 : 르바란 말인가요? 올해 르바란은 언제예요?

도　디 : 8월 25일이요.

김수민 : 보통 며칠이나 쉬나요?

도　디 : 공식적으로 이틀이지만 대부분 회사들은 일주일쯤 휴무예요.

Ungkapan

maksudnya

'즉' '~라는 뜻이다'의 의미로 사용한다. Maksudnya apa?는 화자의 의도를 이해하지 못해 '뭐라구요?' 하며 다시 물을 때 사용한다.

jatuh pada tgl~

'~ 날은 ~일이다'를 표현하기 위해 '떨어지다'의 뜻인 jatuh를 사용한다. 즉, '르바란이 8월 25일이다'라고 한다면, Lebaran jatuh pada tgl. 25 Agustus.라고 말한다.

kebanyakan

'대부분의'의 뜻이며 뒤에 명사가 온다. kebanyakan pria(남성 대부분), kebanyakan penduduk Korea(대한민국 국민 대부분)처럼 활용한다. 동의어로 banyak jumlah (많은 수의~)를 쓸 수 있다.

Tata Bahasa

감탄문

1. 감탄사+형용사-nya+주어

Alangkah indahnya syair lagu ini!.
이 노래 가사가 아름답지 않은가!
Bukan main sedihnya berita itu!
그 소식은 정말 슬프군!

2. 감탄사

Aduh, kaki saya sakit! (고통)
아이고, 다리야!
Wah, bagus rumah baru anda! (놀라움)
와, 너의 새 집 좋구나!
Celaka, kunci mobil hilang! (불만, 증오)
빌어먹을, 자동차열쇠가 없잖아!
Syukur, dia berhasil! (감사, 기쁨)
다행이야, 그가 성공을 해서!

Mengenal Indonesia | 르바란 Lebaran

한 달 동안의 라마단 금식을 마친 인도네시아 무슬림들은 이슬람 최대 명절인 이둘 피트리(Idul Fitri)를 맞이 한다. 이 날은 고통을 이겨내고 모든 허물과 잘못을 용서받는 기쁨의 시간이다. 그래서 음식을 마련하고 가족친지들이 모여 사과와 용서의 인사를 나누고 함께 먹고 마시며, 즐거운 시간을 가진다. 또한 성묘를 하고 어른들께 인사를 다니기도 한다. 이 날에는 특별한 인사말을 하는데, Selamat hari raya Idul Fitri, Mohon maaf lahir dan batin. 이라고 말한다. 뜻은 '르바란을 축하드리며 모든 잘못을 용서해주시기 바랍니다' 라는 뜻이다.

Wayang kulit

그림자 연극

Sekilas Indonesia

가죽으로 제작된 인형은 와양꿀릿(wayang kulit)이라고 하고 나무를 깎아 만든 인형은 와양 골렉(wayang golek)이라고 한다.

BAGIAN 15

Panggung wayang kulit
전통 그림자극 와양꿀릿 무대세트

인도네시아 문화에 대해 알고싶어요

Saya ingin tahu tentang kebudayaan Indonesia
사야 잉인 따후 뜬땅 끄부다야안 인도네시아

50
Pelajaran

바띡과 와양꿀릿 같은 인도네시아 전통문화에 대해 이해하고 여러 가지 의미로 사용되는 접두사 ter-의 용법을 학습한다.

percakapan

Kim Su-min: Bagus sekali kemeja Pak Dodi. Coraknya sangat unik.
바구스 스깔리 끄메자 빡 도디 쪼락냐 상앗 우닉

Dodi: Ini batik. Batik sudah terkenal oleh orang Indonesia maupun
이니 바띡 바띡 수다 뜨르끄날 올레 오랑 인도네시아 마우뿐
orang asing. Pria Indonesia selalu memakai kemeja batik
오랑 아싱 쁘리아 인도네시아 슬랄루 므마까이 끄메자 바띡
sebagai baju resmi.
스바가이 바주 르스미

Kim Su-min: Selain batik apa yang terkenal sebagai kebudayaan Indonesia?
슬라인 바띡 아빠 양 뜨르끄날 스바가이 끄부다야안 인도네시아

Dodi: Pak Kim pernah menonton wayang kulit?
빡 김 쁘르나 므논똔 와양 꿀릿

Kim Su-min: Belum pernah. Apa wayang itu?
블룸 쁘르나 아빠 와양 이뚜

Dodi: Itu salah satu pementasan kesenian tradisional Indonesia.
이뚜 살라 사뚜 쁘멘따산 끄스니안 뜨라디시오날 인도네시아
Seorang dalang memainkan wayang kulit di depan layar putih.
스오랑 달랑 므마인깐 와양 꿀릿 디 드빤 라야르 뿌띠

Kim Su-min: Menarik sekali. Kalau ada kesempatan saya ingin menonton
므나릭 스깔리 깔라우 아다 끄슴빠딴 사야 잉인 므논똔
pementasan wayang itu.
쁘멘따산 와양 이뚜

Kosakata

kebudayaan 문화	selalu 항상	tradisional 전통적인
corak 무늬	resmi 공식적인	dalang 그림자인형극의 변사
sangat 매우	menonton 관람하다	memainkan 공연하다
unik 특이한	wayang kulit 그림자인형극	layar 스크린
batik 전통염색	pementasan 공연	kesempatan 기회
maupun 뿐만 아니라	kesenian 예술	

김수민 : 도디 씨의 셔츠가 멋져요. 무늬가 매우 특이하네요.

도　디 : 바띡이예요. 바띡은 인도네시아사람뿐 아니라 외국인들에게도 유명하지요. 인도네시아 남성들은 바띡 셔츠를 정장으로 입어요.

김수민 : 바띡 외에 잘 알려진 인도네시아 문화는 무엇이 있나요?

도　디 : 김수민 씨는 와양꿀릿을 본 적이 있나요?

김수민 : 아니요, 아직 없어요. 와양이 뭐예요?

도　디 : 인도네시아 전통예술공연중 하나예요. 한 명의 달랑이 흰색 스크린 앞에서 인형극을 하지요.

김수민 : 재미있겠네요. 기회가 되면 나도 와양공연을 보고싶어요.

Ungkapan

maupun

A maupun B로 활용하며 'A뿐 아니라 B도'의 뜻이다. 또는 baik A maupun B의 형태로도 사용한다. baik Korea maupun Indonesia(한국뿐 아니라 인도네시아도), baik dalam maupun luar (안과 밖 모두)처럼 활용한다.

sebagai

자격을 나타낸다. sebagai pelajar(학생으로서), sebagai seorang ibu(어머니로서)등 처럼 활용한다.

salah satu

'~ 중 하나'의 뜻이다. salah satu buku dari 10 jilidnya(10권 중 한권의 책), salah satu gedung di kawasan ini (이 지역에 있는 건물 중 하나)처럼 활용한다. 사람의 경우, salah seorang이라고 한다. salah seorang anak dari mereka는 '그들 중 한 아이'의 뜻이다.

Tata Bahasa

ter- 접두사

1. 우연한 행동을 나타냄
   Dia **terbangun** pada pagi-pagi. 그녀는 아침 일찍 깼다.
   Semalam sebuah ruko **terbakar**. 지난 밤 상가에 화재가 났다.

2. 완료를 나타내는 수동태
   Restoran itu sudah **terbuka** pukul 10 pagi. 그 식당은 오전 10시에 이미 문이 열려있었다.
   Nama-nama **tertulis** pada surat itu. 이름들이 그 서류에 적혀있다.

3. ter+형용사 : 최상급 표현(=paling+형용사)
   Pakaian ini **termewah** di toko ini.
   =Pakaian ini **paling mewah**.
   이 옷이 이 가게에서 제일 고급이다.
   Wanita itu **tercantik** di pesta malam itu.
   =Wanita itu **paling cantik** di pesta malam itu.
   그 여자가 그날 밤 파티에서 가장 아름다웠다.

Mengenal Indonesia | 인도네시아 문화 kebudayaan Indonesia

Batik

바띡은 파라핀을 이용한 인도네시아 전통 염색법으로 염색된 천을 일컫는 용어이다. 바띡에는 손으로 직접 무늬를 그려 넣은 바띡 뚤리스(batik tulis)와 무늬틀로 찍어 만드는 바띡 짭(batik cap)이 있다.

Wayang Kulit

와양은 자바고전 그림자 인형극에 사용되는 인형으로 염소 가죽이나 나무로 만든다. 가죽으로 만든 인형을 와양꿀릿(Wayang Kulit)이라고 하고, 나무로 만든 인형을 와양 골렉(Wayang Golek)이라고 한다. 달랑(dalang)은 흰색 스크린 뒤에서 이 인형을 움직이며 그림자극을 공연한다.

Gamelan

가믈란은 인도네시아 대표 전통악기로서 목재, 대나무, 금속 등으로 만든다. 가믈란 연주는 인형극이나 무용의 반주로 사용된다.

인도네시아 전통 오케스트라로 중후하고 안정된 리듬은 듣는 이의 마음을 편안하게 한다.

Gamelan

가믈란

우리는 인도네시아어로 의사소통합니다

Kami berkomunikasi dalam bahasa Indonesia

까미 브르꼬무니까시 달람 바하사 인도네시아

51 Pelajaran

인도네시아어의 사용에 대해 이해하고 관련용어를 학습하며 접두사 memper-의 문법적 기능과 활용에 대해 학습한다.

percakapan

Kim Su-min: Pak Dodi, coba dengarkan percakapan mereka. Anda bisa mengerti?
빡 도디 쪼바 등아르깐 쁘르짜깝빤 므레까 안다 비사 믕으르띠

Dodi: Saya tidak bisa mengerti karena itu bahasa Sunda.
사야 띠닥 비사 믕으르띠 까르나 이뚜 바하사 순다

Kim Su-min: Mengapa mereka memakai bahasa Sunda?
믕아빠 므레까 므마까이 바하사 순다

Dodi: Di Indonesia ada banyak bahasa daerah.
디 인도네시아 아다 바냑 바하사 다에라

Jika orang-orang sekampung berkumpul, mereka
지까 오랑-오랑 스까뿡 브르꿈뿔 므레까

meng-gunakan bahasa ibunya.
믕구나깐 바하사 이부냐

Kim Su-min : Bagaimana orang-orang bukan yang dari sekampung
바가이마나 오랑-오랑 부깐 양 다리 스깜뿡

bercakap-cakap?
브르짜깝-짜깝

Dodi: Memang mereka berkomunikasi dalam bahas Indonesia.
메망 므레까 브르꼬무니까시 달람 바하사 인도네시아

Untuk itu kami mempelajari bahasa Indonesia baku di sekolah
운뚝 이뚜 까미 믐쁠라자리 바하사 인도네시아 바꾸 디 스꼴라

sejak kecil.
스작 끄찔

Kosakata

berkomunikasi 의사소통하다
bahasa Indonesia 인도네시아어
percakapan 회화

daerah 지방
jika ~할 때면
sekampung 같은 고향
berkumpul 모이다

bahasa ibu 모어
bercakap-cakap 대화하다
baku 고정적인
kecil 어린

김수민 : 도디 씨, 저 사람들 얘기 좀 들어봐요. 무슨 말인지 알겠어요?

도　디 : 순다어라서 저도 알아 들을 수가 없어요.

김수민 : 저 사람들은 왜 순다어로 말을 해요?

도　디 : 인도네시아에는 지방어가 많아요. 같은 지역 사람들끼리는 자기네 지방어로 말을 해요.

김수민 : 다른 지역 사람들과 말을 할 때는 어떻게 해요?

도　디 : 당연히 인도네시아어로 하지요. 그래서 우리는 어릴 때부터 학교에서 인도네시아 표준어를 배워요.

Ungkapan

bahasa ibu

'모어' 라는 뜻이다. 수많은 섬으로 이루어진 인도네시아는 많은 종족이 있는데, 이들은 각자 언어를 가지고 있다. 이들이 태어나서 처음 배우는 언어는 이런 지방어이고, 이 언어를 '어머니 언어' 라고 한다.

dalam bahasa Indonesia

'인도네시아어로' 의 의미이다. '인도네시아어를 사용하여' 의 의미이지만, 도구를 나타내는 dengan이 아닌 dalam을 쓰는 것에 유의해야 한다.

Tata Bahasa

memper- 접두사

1. memper- 명사 : ~이 되게하다

   Seorang pemuda **memperistri** gadis dari sekampung.
   그 청년은 고향 처녀를 아내로 맞이했다.
   Wanita itu **mempersuami** orang Korea.
   그 여자는 한국남자와 결혼했다.

2. memper-형용사 : 더 ~하게 하다

   Penjahit itu **memperkecil** celana saya.
   그 재봉사는 내 바지를 줄인다.
   Kami ingin **memperpanjang** kontrak rumahnya.
   우리는 그 집계약을 연장하기를 원한다.

Mengenal Indonesia | 쁘람바난 사원 Candi Prambanan

쁘람바난 힌두 사원은 중부자바에 위치하고 있으며 850년경에 설립된 것으로 추정된다. 1991년 유네스코 지정 세계문화유산으로 등재되었다. 16세기에 발생한 화산폭발과 지진으로 무너져 내려 200년 넘게 방치되다가 복원사업으로 18개의 신전이 현재 복원되었다. 사원 중앙에 있는 시바신전은 로로 종그랑(Loro Jonggrang)전설로도 유명하다. 왕녀인 로로 종그랑에게 반한 반둥왕은 그녀와 결혼하기 위해 그녀의 요구대로 하루 밤 안에 천개의 사원을 만들기 시작한다. 악령의 도움으로 999개째 사원을 완성했을 때 갑자기 닭이 울어 악령은 돌아가고 반둥왕은 마지막 사원을 완성하지 못한다. 이 일을 로로 종그랑이 꾸몄다는 걸 알고 화가 난 왕은 그녀를 돌로 만들어 마지막 사원을 완성했는데, 그것이 바로 시바신전이라고 한다.

Candi Prambanan

뻐람바난 사원

'Bhineka tunggal Ika'가 무슨 뜻입니까?

Apa arti istilah 'Bhineka tunggal Ika'?

아빠 아르띠 이스띨라 비네까 뚱갈 이까

52 Pelajaran

인도네시아어의 관용어와 약어를 학습하여 바르고 정확한 인도네시아어를 구사하며 원활한 의사소통을 가능하게 한다.

percakapan

Kim Su-min: Apa arti istilah 'Bhineka tunggal Ika'?
아빠 아르띠 이스딜라 비네까 뚱갈 이까

Dodi: Dari mana tahu istilah itu, Pak Kim?
다리 마나 따후 이스띨라 이뚜 빡 김

Kim Su-min: Saya tahu dari buku ini. Tapi tidak ada artinya di dalam kamus.
사야 따후 다리 부꾸 이니 따삐 띠닥 아다 아리띠냐 디 달람 까무스

Dodi: Istilah itu dari bahasa Sanskerta dan berarti bahwa berbeda-
이스띨라 이뚜 다리 바하사 산스끄레따 단 브르아르띠 바흐와 브르베다-
beda tetapi bersatu. Artinya, Indoneria yang terdiri dari
베다 뜨다삐 브르사뚜 아르띠냐 인도네시아 양 뜨르디리 다리
bermacam-macam suku bangsa tapi membentuk satu bangsa.
브르마짬-마짬 수꾸 방사 따삐 믐븐뚝 사뚜 방사

Kim Su-min: Istilah itu menjadi semboyan Republik Indonesia, bukan?
이스띨라 이뚜 믄자디 슴보얀 레뿌블릭 인도네시아 부깐

Dodi: Betul. Sekarang sudah jelas, Pak Kim?
브뚤 스까랑 수다 즐라스 빡 김

Kim Su-min: Jelas, Pak Dodi. Terima kasih atas penjelasannya.
즐라스 빡 도디 뜨리마 까시 아따스 쁜즐라산냐

Dodi: Terima kasih kembali.
뜨리마 까시 끔발리

Kosakata

arti 뜻, 의미
berarti 뜻을 가지다
artinya 즉
istilah 용어
buku 책
kamus 사전
bahasa Sanskerta 산스크리트어
bahwa 목적절을 이끄는 관계대명사
berbeda-beda 서로 다르다
bersatu 하나가 되다
terdiri dari ~로 이루어지다
bermacam-macam 여러 종류의
suku bangsa 종족
membentuk ~을형성하다
menjadi ~이 되다
semboyan 슬로건, 표어
Republik Indonesia 인도네시아공화국
jelas 분명한
penjelasan 설명

김수민 : 'Bhineka tunggal Ika' 가 무슨 뜻이예요?

도 디 : 그 말을 어디에서 알게 됐어요?

김수민 : 이 책에서요. 그런데 사전에 뜻이 안 나와 있어요.

도 디 : 그 용어는 산스크리트어예요. '서로 다르지만 하나'라는 뜻이고요. 즉, 인도네시아는 여러 종족으로 이루어져 있지만 하나의 민족이라는 뜻이지요.

김수민 : 그 표현이 인도네시아 공화국의 슬로건이지요?

도 디 : 맞아요. 김수민 씨, 이제 잘 아시겠지요?

김수민 : 네, 도디 씨. 설명해 주셔서 고마워요.

도 디 : 천만예요.

Ungkapan

artinya

'즉', '말하자면'의 뜻으로 사용된다. maksudnya와 같은 의미이다.

terdiri dari

'~으로 구성되어있다'의 뜻이다. Keluaga saya terdiri dari 4 orang(우리가족은 4명이다)처럼 활용할 수 있다. terdiri atas로도 사용한다.

terima kasih atas

~에 대해 감사합니다'의 뜻으로 Saya mengucapkan terima kasih atas penjelasannya.(설명해주셔서 감사합니다.)라고 말 할 수 있다. 감사를 전하는 측이 단체이면 saya 대신 kami를 사용하여 말한다.

Tata Bahasa

유용한 표현

관용어

besar kepala	잘난 척 하는	buang air	배변
keras kepala	고집이 센	buta huruf	문맹
ringan tangan	남을 잘 돕는	uang muka	선금
kaki lima	노점상인	meja hijau	법정
tanah air	조국	kurang ajar	무식한

약어

RI :	Republik Indonesia	인도네시아 공화국
Korsel :	Korea Selatan	대한민국
AS :	Amerika Serikat	미국
ABRI :	Angkatan Bersenjata Republik Indonesia	인도네시아 군인
Rp :	rupiah	인도네시아 화폐
Ir. :	Insinyur	공학사
Drs. :	Doktorandus	학사와 석사의 중간 학위
Yth. :	Yang terhormat	존경하는
SIM :	Surat Izin Mengemudi	운전면허증
PT :	perseroan terbatas	주식회사

Mengenal Indonesia | 인도네시아국장 Garuda

가루다는 힌두교에서 창조의 신으로 알려진 비슈누가 타고 다니던 독수리로서 인도네시아에서는 신비의 새 또는 창조의 새로 여겨 국조로 삼고 있다. 특히, 독수리 모양의 인도네시아 국장은 모든 관공서 및 일반 사무실 전면 벽에 대통령과 부통령의 사진 사이에 나란히 걸려있다. 가루다의 8개의 꼬리 깃털과 17개의 날개 깃털은 인도네시아의 독립 기념일 인8월 17일을 의미하고, 가루다의 발에 걸려있는 자바어 표어에는 인도네시아 내의 다양한 종족과 언어와 문화를 일체화 한다는 의미로 '다양성 속의 통일' 이라고 쓰여 있다. 또한 가루다의 가슴에 그려진 다섯 개의 그림은 그들이 국가의 이념으로 삼고 있는 빤짜실라(Pancasila)를 나타낸다.

Sekilas Indonesia | 인도네시아는 풍부한 천연자원, 유서깊은 문화유산, 그리고 아름다운 관광자원을 가진 매력적인 섬나라이다.

Indonesia Indah

아름다운 인도네시아

Makanan dan Minuman 음식

nasi 밥

mi 국수

roti 빵

bubur 죽

sup 국

lauk-pauk 반찬

ikan 생선

kerang 조개

udang 새우

kepiting 게

cumi-cumi 오징어

daging sapi 소고기

daging ayam 닭고기

daging bebek 오리고기

daging kambing 염소고기

daging babi 돼지고기

telur 계란

susu 우유

keju 치즈

mentega 버터

gula 설탕

garam 소금

bawang bombai 양파

jahe 생강

cabe hijau 풋고추

cabe merah 빨간 고추

sawi putih 배추

lobak 무

kentang 감자

ubi 고구마

jagung 옥수수

mentimun 오이

labu 호박

taoge 콩나물

tahu 두부

jamur 버섯

kacang 콩

buah-buahan 과일

semangka 수박

nanas 파인애플

pisang 바나나

apel 사과

jeruk 오렌지

kesemak 감

kecap asin 간장

lada 후추

saus tomat 토마토케찹

minyak goreng 식용유

minyak wijen 참기름

biji wijen 깨소금

sayur-sayuran 채소

bawang putih 마늘

es krim 아이스크림

anggur 포도

melon 메론

kue 과자

air 물

jus 주스

kopi 커피

teh 차

bir 맥주

es batu 얼음

Alat-alat di Rumah 가재도구

mebel 가구

tempat tidur 침대

bantal 배게

selimut 담요

sprei 시트

lemari baju 옷장

laci 서랍

lampu 전등

meja 테이블

kursi 의자

sofa 소파

mesin cuci 세탁기

kompor 가스렌지

setrika 다리미

panci 냄비

wajan 후라이팬

piring 접시

mangkuk 대접

cangkir 잔

gelas 컵

pisau 칼

garpu 포크

telepon 전화기

televisi 텔레비전

kulkas 냉장고

sendok 숟가락

sumpit 젓가락

Anggota Badan 신체부위

kepala 머리

rambut 머리카락

kening 이마

telinga 귀

alis 눈썹

mata 눈

hidung 코

pipi 뺨

mulut 입

bibir 입술

lidah 혀

gigi 치아

dagu 턱

leher 목

jari kaki 발가락

kulit 피부

bahu 어깨

lengan 팔

siku 팔꿈치

tangan 손

jari tangan 손가락

kuku jari 손톱

dada 가슴

perut 배

pinggang 허리

pinggul 엉덩이

tungkai 다리

paha 허벅지

lutut 무릎

kaki 발

tulang 뼈

Cuaca 날씨

iklim 기온

udara 공기

suhu udara 기온

hujan 비

salju 눈

awan 구름

angin 바람

matahari 태양

kabut 안개

kilat 번개

guntur 천둥

pelangi 무지개

cerah 맑은

mendung 흐린

lembab 습한

dingin 추운

sejuk 서늘한

hangat 따뜻한

panas 더운

Alam 자연

langit 하늘

bintang 별

bulan 달

laut 바다

sungai 강

tanah 땅

pantai 해변

gunung 산

danau 호수

gua 동굴

pohon 나무

bunga 꽃

rumput 풀

burung 새

binatang 동물

Warna 색

warna hitam 검은색

warna putih 흰색

warna merah 빨간색

warna kuning 노란색

warna biru 파란색

warna abu-abu 회색

warna perak 은색

warna emas 금색

warna hijau 초록색

warna jingga 주황색

warna ungu 보라색

warna coklat 갈색